die weisheit des TAROT

Peter Meygen

die weisheit des Tarot

Legemuster und Kartendeutungen
nach A. E. Waite

Mit Abbildungen aus dem
ANRATHS TAROT nach A. E. Waite

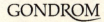

GONDROM

Herstellung und Copyright © 2004 by Königsfurt Verlag, D-24796 Krummwisch
Genehmigte Lizenzausgabe für Gondrom Verlag GmbH, Bindlach

Covergestaltung: Hilden Design, München

Wichtiger Hinweis:
Die Ratschläge in diesem Buch sind vom Verlag sorgfältig erwogen und geprüft,
dennoch kann eine Garantie nicht übernommen werden. Eine Haftung des
Verlages und seiner Beauftragten für Personen-, Sach- und Vermögensschäden ist
ausgeschlossen.

Alle Rechte vorbehalten:
Kein Teil dieses Werkes darf ohne schriftliche Einwilligung des Verlages in irgend-
einer Form (Fotokopie, Mikrofilm oder ein anderes Verfahren) reproduziert oder
unter Verwendung elektronischer Systeme verarbeitet, vervielfältigt oder verbreitet
werden.

ISBN 3-8112-2369-0

5 4 3 2 1

Inhalt

Zu diesem Buch
Seite 9

So legen Sie die Karten
Seite 13

Schlüsselbegriffe und Grundsymbole
Seite 16

Auslegemuster
Seite 19

Deutungen der Karten
Seite 40
(Übersicht auf den folgenden Seiten)

Weitere Tipps
Seite 126

Die einzelnen Karten im Überblick

Große Arkana

0 (XXII) - Der Narr 40
I - Der Magier 41
II - Die Hohepriesterin 42
III - Die Herrscherin 43
IV - Der Herrscher 44
V - Der Hierophant 45
VI - Die Liebenden 46
VII - Der Wagen 47
VIII - Kraft 48
IX - Der Eremit 49
X - Rad des Schicksals 50

XI - Gerechtigkeit 51
XII - Der Gehängte 52
XIII - Tod 53
XIV - Mäßigkeit 54
XV - Der Teufel 55
XVI - Der Turm 56
XVII - Der Stern 57
XVIII - Der Mond 58
XIX - Die Sonne 59
XX - Gericht 60
XXI - Die Welt 61

Stäbe

König der Stäbe 62
Königin der Stäbe 63
Dame der Stäbe 64
Ritter der Stäbe 65
Page der Stäbe 66
Maid der Stäbe 67
Ass der Stäbe 68
Zwei Stäbe............................ 69

Drei Stäbe 70
Vier Stäbe 71
Fünf Stäbe 72
Sechs Stäbe 73
Sieben Stäbe 74
Acht Stäbe 75
Neun Stäbe 76
Zehn Stäbe 77

Kelche

König der Kelche 78
Königin der Kelche 79
Dame der Kelche 80
Ritter der Kelche 81
Page der Kelche 82
Maid der Kelche 83
Ass der Kelche 84
Zwei Kelche.......................... 85

Drei Kelche 86
Vier Kelche 87
Fünf Kelche 88
Sechs Kelche 89
Sieben Kelche 90
Acht Kelche 91
Neun Kelche 92
Zehn Kelche 93

Die einzelnen Karten im Überblick

Schwerter

König der Schwerter 94

Königin der Schwerter 95

Dame der Schwerter 96

Ritter der Schwerter............. 97

Page der Schwerter............... 98

Maid der Schwerter 99

Ass der Schwerter............... 100

Zwei Schwerter 101

Drei Schwerter.................... 102

Vier Schwerter.................... 103

Fünf Schwerter 104

Sechs Schwerter 105

Sieben Schwerter 106

Acht Schwerter 107

Neun Schwerter.................. 108

Zehn Schwerter 109

Münzen

König der Münzen 110

Königin der Münzen 111

Dame der Münzen............. 112

Ritter der Münzen 113

Page der Münzen 114

Maid der Münzen 115

Ass der Münzen.................. 116

Zwei Münzen 117

Drei Münzen...................... 118

Vier Münzen 119

Fünf Münzen 120

Sechs Münzen 121

Sieben Münzen 122

Acht Münzen...................... 123

Neun Münzen 124

Zehn Münzen 125

Zu diesem Buch

Tarot ist populär. Tarot ist im Gespräch. Viele kennen es, doch viele halten Tarot auch für eine ziemlich komplizierte Angelegenheit.

Dieses Buch geht neue Wege. Es macht es Ihnen leicht, sich selbst die Karten zu legen. Dazu erhalten Sie hier:

- Karten, auf die bereits wichtige Schlüsselwörter aufgedruckt sind
- Tipps, wie Sie die Karten auslegen
- viele Auslegemuster
- wertvolle Deutungen zu jeder Karte

Das neue Tarot-Kartenlegen

Millionen in deutschsprachigen Raum legen sich auf eine neue Art die Karten, die mit der altbekannten Wahrsagerei wenig zu tun hat. Manche beschäftigen sich mehr aus Spaß damit, für andere stellt Tarot ein wichtiges Hilfsmittel der Orientierung und der Selbsterfahrung dar.

Auf der einen Seite steht mehr der Unterhaltungseffekt, auf der anderen Seite ein fast therapeutischer Nutzen.

Diese Mischung macht das Tarot-Kartenlegen zu einer einmaligen, unvergleichlichen Erfahrung. Probieren Sie es aus!

Was ist Tarot ?

78 Karten müssen es sein, bestimmte Themen und Stationen, damit es sich tatsächlich um *Tarot* handelt. Welches sind diese typischen Tarot-Stationen?

Innerhalb der Symbolik des Tarot unterscheiden sich vor allem zwei Gruppen von Karten: Große und Kleine *Arkana* (lateinisch »Geheimnisse«).

Wir begegnen *großen Stationen* des Lebens – wie »Liebe, Tod und Teufel«, dem »Gericht« und der »Welt« oder dem »Universum«, genauso wie dem »Narr«, dem »Eremit«, dem »Magier« und anderen mehr. Daneben zahlreichen *kleinen Stationen* des Alltags, die in Gestalt der Symbolreihen der Stäbe, Kelche, Schwerter und Münzen auftreten.

Man spricht auch von den 22 »Großen« und den 56 »Kleinen« Karten oder Arkana. Innerhalb der Kleinen Arkana unterscheidet man weiterhin nach Hofkarten und Zahlenkarten. *Hofkarten* sind Königin, König, Ritter und Page – und im Anraths Tarot auch die Dame und die Maid. *Zahlenkarten* sind die bezifferten Stab-, Kelch-, Schwert- oder Münzen/Scheiben-Karten, also die »Kleinen« Karten von 1 (Ass) bis 10.

Die Quellen des Tarot

Es gibt etliche Legenden. Angeblich stammten die Tarot-Karten von den »Zigeunern« ab. Doch das ist frei erfunden. Die tatsächliche Tarot-Geschichte geht auf *drei wesentliche Quellen* zurück:

- Das heutige *Tarot-Kartenlegen* ist ein Produkt des späten 20. Jahrhunderts. Zum ersten Mal in der Geschichte haben sich wirklich Massen von Menschen mit Tarot und seiner Symbolik beschäftigt.
- Die *Inhalte* der Tarot-Karten speisen sich aus den Überlieferungen vieler Epochen der abendländischen Kultur.
- Die dritte Quelle ist die Renaissance-Zeit, in der *die ersten Tarot-Karten* das Licht der Welt erblickten.

Zuerst ohne Worte

Die ersten Tarot-Karten entstanden in der Renaissance-Zeit, um die Mitte des 15. Jahrhunderts, im Norden Italiens. In Mailand, Bologna, Ferrara und anderswo wurden sehr aufwändige, kostbare Kartenspiele für die Fürstenhäuser hergestellt.

Wer die ersten Tarot-Karten gemalt hat, ist zurzeit wieder unbekannt.

Bekannt sind aber die ersten Karten selber. Zum Beispiel das so genannte *Visconti Tarot*. Wenn man dies heute im Laden kauft, so tragen die Karten Zahlen und Untertitel. Doch das sind spätere Zutaten, um dem heutigen Nutzer der Karten den Überblick zu erleichtern.

Die ersten Tarot-Karten selber waren *ohne Worte und ohne Ziffern.*

Schlüsselbegriffe

Doch es dauerte nicht lange, nur einige Jahrzehnte, bis die Menschen es passender fanden, sich Schlüsselbegriffe auf den Tarot-Karten zu notieren. »Die Liebenden«, »Die Sonne«, »Der Eremit«, »Der Tod«, »Der Wagen« und viele andere Begriffe tauchten so auf den Karten auf.

Zunächst, ab dem 16. Jahrhundert, gingen diese Bezeichnungen noch ziemlich durcheinander. Auf jeder Sorte von Karten lauteten sie womöglich anders. Aber der erste Schritt war getan: Erklärende Wörter kamen auf den Karten zu den Bildern hinzu.

Einige Zeit später ging die Entwicklung noch einen Schritt weiter: Inzwischen hatten sich manche der erwähnten Begriffe zu Standards entwickelt, die als Untertitel in nahezu *jedem* Tarot-Spiel vorkommen (zum Beispiel: »Der Wagen«, »Die Sonne«, »Der Eremit«). Zusätzlich wurden nun weitere Erklärungen auf die Karten gedruckt, die das Bild und die Untertitel interpretieren. In diese Tradition gehören auch die Karten aus diesem Buch.

Das Anraths Tarot …

Renate Anraths, die bekannte Astrologin und Lebensberaterin aus München, zuletzt auch häufig im Fernsehen beim Kartenlegen zu beobachten, hat sich intensiv den Tarot-Karten gewidmet.

Daraus entstanden nicht nur acht zusätzliche weibliche Hofkarten, wozu noch unten mehr zu sagen sein wird. Sondern so entwickelten sich mit der Zeit die Schlüsselbegriffe und Schnellinterpretationen, die nun auf den nach ihr benannten Tarot-Karten zu lesen sind.

… nach den Vorlagen von A. E. Waite …

Die Bilder und Motive des Anraths Tarot stammen aus dem *Tarot von A. E. Waite.*

Dieses entstand 1909 in London und stellt heute die mit Abstand bekannteste und beliebteste Tarot-Sorte dar. Arthur Edward Waite und die Malerin Pamela Colman Smith haben damit zum ersten Mal in der Tarot-Geschichte *Bildszenen* für *alle* kleinen Arkana geschaffen.

Die meisten 78 Karten bekamen erstmals ein Gesicht!

Seitdem spielen nicht nur Vorstellungen und Definitionen in der Kartenbetrachtung eine Rolle. Hinzu gekommen ist die eigene bildhafte Anschauung, die einen *erfahrbaren* und persönlichen Anhaltspunkt in die Interpretation der Karten einführt.

… mit modernen Erläuterungen von Bürger & Fiebig

Mein besonderer Dank gilt den Autoren Evelin Bürger und Johannes Fiebig. Sie haben viele Bildinhalte aus dem Tarot von A. E. Waite und P. Colman Smith als Erste entdeckt und in ihren Büchern beschrieben.

Besonders dankbar aber bin ich für die Erlaubnis, drei Seminare und einen Vortrag von Johannes Fiebig auf Cassette mitzuschneiden und im Rahmen des vorliegenden Buches zu verwenden.

Allen drei Autoren- und Produzenten-Paaren
- Arthur E. Waite und Pamela Colman Smith
- Renate Anraths (und Christian Leithäuser, der die acht weiblichen Hofkarten zeichnete)
- Evelin Bürger und Johannes Fiebig

gebührt mein Dank und meine Anerkennung. Sie haben den Stoff geliefert, aus dem sich dieses Buch speist. Für alle eventuellen Unzulänglichkeiten dieses Werks trage ich als Autor und Herausgeber dennoch allein die Verantwortung.

Rosenheim, im Mai 2004
Peter Meygen

So legen Sie die Karten

Verabreden Sie sich täglich mit sich selber, und nehmen Sie sich die Zeit, die Ereignisse und Tagesthemen nachzuvollziehen. Allein schon diese Zuwendung zum eigenen Befinden hat spürbare Wirkung und ist in vielen Fällen bereits heilsam. Wünsche und Ängste, Sorgen und Jubel können sich so wesentlich besser ausdrücken.

Wenn Sie Tag für Tag die Karten legen und sich darin den Spiegel vorhalten, tun Sie sich selbst einen großen Gefallen: Sie wirken einen roten Faden, Sie bleiben am eigenen Thema jeweils »dran«.

Selber aktiv werden

Alle Fragen, die Ihnen wichtig erscheinen, die Sie zum Beispiel in Ihr Tagebuch schreiben würden, können Sie mittels der Tarot-Karten klären. Halten Sie sich an das, was Ihnen auf dem Herzen liegt und was Sie bewegt. Die Erkenntnis und Erfüllung wichtiger Wünsche (und die Beseitigung wichtiger Ängste) ist das A und O der Tarot-Deutung.

Aus der traditionellen Wahrsagerei stammt die Regel, man dürfe nicht für sich selbst oder für nahe Angehörige die Karten legen. Diese Vorschrift ist beim selbständigen Tarot-Gebrauch ohnehin hinfällig. Denn für uns selber tun wir es ja gerade, und für andere – gleich, ob nahe Angehörige oder weitläufige Bekannte – könnten wir es gar nicht. Diesen können wir »nur« zeigen und erklären, wie sie es selber machen können. »Man kann eben nicht für andere in den Spiegel schauen« (Johannes Fiebig).

Dann liest man des Öfteren, es dürften keine Ja- und Nein-Fragen an das Tarot gerichtet werden. Doch dies ist eine kurzsichtige Vorschrift. Wenn Ihnen eine Ja- oder Nein-Frage am Herzen liegt, dann ist es vollkommen in Ordnung, wenn Sie diese Frage an die Karten stellen. Denn gerade für das, was für Sie innerlich von Bedeutung ist, sind die Tarot-Karten gut.

Der Ausgang der Befragung ist selbstverständlich im vorhinein offen. Sie können, je nachdem, in den Karten eine bestimmte Richtung

erkennen, oder Sie erfahren die *Zusammenhänge,* die für Sie zu einem
»Ja« oder »Nein« führen.

Die Tageskarte

Diese Übung *Die Tageskarte* wurde erstmals 1984 vorgeschlagen (E. Bürger / J. Fiebig: Tarot – Spiegel Deiner Möglichkeiten, Verlag Kleine Schritte). Heute gilt die Tageskarte als eine der schönsten und wichtigsten Übungen, die zugleich typisch ist für das heutige, *neuartige* Tarot-Kartenlegen.

Die Tageskarte wird morgens oder abends gezogen, in der Regel ohne eine bestimmte Fragestellung. Sie soll eine Station des Tarot zum Tagesthema machen, ein Motiv für den jeweiligen Tagesablauf besonders hervorheben. Wenn es Ihnen möglich ist, platzieren Sie Ihre Tageskarte so, dass Sie im Laufe des Tages öfter einmal darauf schauen.

Größere Auslagen

Bei größeren Auslagen können Sie so vorgehen: Überlegen Sie sich Ihre Frage, die Sie nun an die Tarot-Karten richten möchten. Für die Art der Frage gibt es keine zwingenden Ge- oder Verbote.

Wichtig ist zu wissen: Die Karten wirken wie ein Spiegel. Sie können Fragen über zweite oder dritte Personen stellen. Doch denken Sie daran: Es sind immer (auch) Ihre persönlichen Ansichten und Einsichten, die Ihnen im Tarot begegnen.

Mischen Sie die Karten, wie Sie es gewohnt sind. Alle verpflichtenden Vorschriften sind überholt.

Manch einer braucht Kerze und Räucherstäbchen, um in der richtigen Stimmung die Karten zu betrachten. Der andere fühlt sich genauso glücklich, wenn er sich morgens beim Frühstück oder im Bus / im Auto auf dem Weg zur Arbeit die Tageskarte zieht.

Das erste und letzte Wort – bei Ihnen

Für das selbständige Tarot-Kartenlegen gilt, dass der oder die Fragende die Karten selber mischt, selber auslegt, selber beschreibt und deutet. Wer die Frage stellt, sollte die Karten auch selber bewegen und bei der Deutung das erste und das letzte Wort haben. Andere anwesende Personen bei einer Auslage sind zum Gespräch und zur Begleitung dabei – zur Unterstützung und, wenn es sein muss, auch einmal zur Kritik.

Legen Sie nach einem Legemuster aus, das Sie zuvor ausgewählt haben. Sie können dazu Legemuster aus diesem Buch benutzen, aber auch eigene entwerfen (vor einer Kartenbefragung).

Ziehen Sie die Karten, wie Sie es gewohnt sind. Legen Sie sie verdeckt in Form des Legemusters vor sich hin.

Die Karten werden dann normalerweise *einzeln* aufgedeckt. Erst wenn die Betrachtung und Interpretation einer Karte beendet ist, soll die nächste aufgedeckt werden.

Alles, was während einer Kartenbefragung g*eschieht,* kann zum Inhalt der gesuchten Antwort gehören.

Alle Karten einer Auslage *zusammen* geben die Antwort auf Ihre Frage.

Schlüsselbegriffe und Grundsymbole

1. Der Begriff am Kopf der Karte bezeichnet die allgemeine Bedeutung.
2. Der Begriff am Fuß der Karte bezeichnet die allgemeine Bedeutung – als Gegensatz oder Ergänzung zu Begriff 1.
3. A – die Texte am rechten Kartenrand bedeuten so viel wie *Aktivitäten* oder *Arbeit*.
4. B – die Texte am linken Kartenrand verweisen auf *Beziehungen*.

Als Gegenstück zum *König* gibt es die *Königin*. Doch was ist mit Ritter und Page?

Renate Anraths fügte die Figuren der *Damen* und *Maiden* ins Tarot ein. Diese acht neuen, weiblichen Tarot-Karten mischen die »Herrenrunde« auf und sorgen für die längst überfällige Gleichberechtigung in der Riege der Hofkarten. Die bisher üblichen 78 Tarotkarten wurden nun auf 86 Karten erweitert.

Hinweis: Sollten Sie nur mit den herkömmlichen 78 Motiven Karten legen wollen, so nehmen Sie die erwähnten acht Karten, die *Damen* und *Maiden (Mädel),* einfach wieder heraus.

Stäbe
Element Feuer. Schlüsselbegriff ist der Wille.
Triebe und Taten.

Wie im Feuer Edelmetall geläutert und Schlacken abgestoßen oder ver-
brannt werden, so bewirkt das Lebensfeuer, das in uns brennt, eine Läu-
terung des Willens. Durch Feuerproben verwandelt sich der einfache
oder spontane Wille in dem berühmten *wahren Willen.* Viele Funken
werden zu einem Feuer, viele Energien verschmelzen in einem Brennpunkt.

Es muss etwas geschehen! Die Antwort auf eine gesuchte Frage erhalten Sie bei einer Stab-Karte, wenn Sie etwas tun, sich selbst und andere in Bewegung setzen oder in Bewegung bringen lassen.

Assoziationen zu den Stäben: Das Holz, das dem Feuer Nahrung
gibt. Phallus-Symbol, Hexenbesen, Sprössling (auch: Kind), Wurzel
(auch: Vorfahre). Lebensenergie, Energieverbrauch, Wachstum, Alte-
rung. Feuerwerk, Fegefeuer. Das männliche Erbe. Sonne. »Klopf auf
Holz!« – so kommen Sie »auf einen grünen Zweig«.

Kelche
Element Wasser. Schlüsselbegriff ist die Seele.
Gefühle und seelische Bedürfnisse.

Praktisch geht es hier stets darum, dass »*es« fließt.* Ihre Seele zeigt Ihnen
die richtige Antwort. Bleiben Sie auf dem Laufendem und halten Sie
die Dinge im Fluss. Beachten Sie die Bedürfnisse Ihrer Mitmenschen
und berücksichtigen Sie alle wirksamen Gefühle.

Wasser ist an sich ungreifbar. Durch die Kelche wird es fasslich. Die
Kelche sind ein *Inbegriff* bestimmter Gefühle. Die Kelche stellen vor
allem unsere Wünsche und Ängste dar, in denen sich die fließenden
Empfindungen der Seele fixieren oder konkretisieren.

Assoziationen zu den Kelchen: Das Gefäß, das dem Wasser Halt
gibt. Symbol des weiblichen Schoßes und des weiblichen Erbes. Die
Gralssuche der Ritter der Minnezeit. Quelle (auch: Herkunft), Mün-
dung (auch: Bestimmung). Das Wasser des Lebens und des Todes,
Jungbrunnen, Taufe. Tränen, Trunkenheit, Mond.

Schwerter
Element Luft. Schlüsselbegriff ist der Geist.
Die Waffen des Geistes.

Neben allem Kriegerischen ist das Schwert seit alten Zeiten ein Inbegriff der Urteilskraft, der Fähigkeiten, sich ein Urteil zu bilden und es zu vollstrecken.

Kurz, die Schwerter im Tarot symbolisieren die »Waffen des Geistes«.

Und diese Bedeutung trifft selbst dann noch zu, wenn man spontan zuerst an ein Kriegswerkzeug denkt. Denn auch die Kriege sind eine Erfindung des menschlichen Geistes, in Art und Ausmaß ohne sonstiges Beispiel in der Natur. Allerdings darf man weitere traditionelle Schwerter-Attribute, wie Ritterlichkeit, Mündigkeit, Freiheit, auch nicht vergessen.

Wenn Sie eine Schwerter-Karte ziehen, geht es jeweils darum, dass Sie für *Klarheit und Aufklärung* sorgen, für frischen Wind, gute Luft und langen Atem.

Assoziationen zu den Schwertern: »Schwerter zu Pflugscharen«, Rüstung, Angriff und Verteidigung. Schärfe und Zuspitzung. Begriffe und Konsequenzen. Erleichterung und Begeisterung. Menschliche Atmosphäre. Die Sterne.

Münzen
Element Erde. Schlüsselbegriffe sind Materie und Körper.
Die Talente.

Wenn Sie eine Münzen-Karte ziehen, dann geht es um *praktische Ergebnisse*, die Sie vorfinden, verändern oder selbst produzieren.

Für die Deutung ist der Begriff »Talent« von großer Bedeutung. Das Talent war zu biblischen Zeiten ein Geldstück. Eine materiell-finanzielle Bedeutung, wie wir sie beim Wort »Münze« zuerst vermuten, steckt also auch in den »Talenten«. Zugleich stellen die Münzen unsere *Prägungen* dar. Wir erkennen, wie wir durch die verschiedenen Lebensumstände geprägt wurden und werden. Auf der anderen Seite der Medaille zeigen die Münzen die Prägungen, die wir selbst bewirken und mit denen wir uns und unsere Umwelt gestalten. Damit werden die Münzen zum Spiegel unserer Handicaps, unserer Aufgaben und unserer Begabungen. Auch diese tiefere Bedeutung der Münzen wird durch das Wort »Talent« erfasst.

Assoziationen: Gesicht und Gewicht der Erde. Wechselwirkung und ständige Rückkopplung zwischen dem, was wir schaffen, und dem, was uns schafft. Das berühmte »Gold auf der Straße«, das zunächst aussieht wie eine unscheinbare Münze.

Auslegemuster

Tageskarte

```
┌─────┐
│     │
│  1  │
│     │
└─────┘
```

Die Tageskarte wird morgens oder abends gezogen – möglichst regelmäßig. Sie gibt Aufschluss über Thema, Motto, besondere Aufgaben und Chancen des betreffenden Tages.

Tageskarte-Varianten

```
┌─────┐   ┌─────┐
│     │   │     │
│  2  │   │  1  │
│     │   │     │
└─────┘   └─────┘
```

Die Karten werden gemischt. Die *oberste* aller Karten wird aufgedeckt: Das ist die Tageskarte im Vordergrund. Die *unterste* der Karten wird aufgedeckt: Das ist der Hintergrund für die Tageskarte.

Tageskarte mit Erläuterungen

1 - Tageskarte
2 - Momentane Situation, was Sie bewegt
3 - Der Hintergrund des Tagesgeschehens

oder

1 - Tageskarte
2 - Besondere Aufgabe für heute
3 - Besondere Chance für heute

Einteilung

1 - Das schaffe ich jetzt
2 - Das gelingt mir später

Entscheidungsspiel

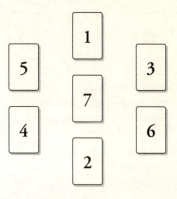

1 - Ihre Stärken
2 - Ihre Schwächen
3 - Unterstützung
4 - Widerstand
5 - So sollten Sie sich entscheiden
6 - Das wird dann geschehen
7 - Ihre Lösung

Standardauslage (für alle Fragen)

1 - Aktuelle Situation
2 - Vergangenheit oder das, was schon da ist
3 - Zukunft oder das, was neu zu beachten ist

Beziehungs-Weise

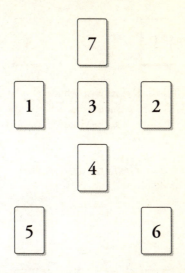

1 - Partner/in
2 - Ich
3 - Eine verbindende Kraft
4 - Die gemeinsame Basis
5 - Die Quellen der/des Partnerin/Partners
6 - Meine Quellen
7 - Brennpunkt. Gemeinsames Ziel

Lösen & binden

1	2	3

1 - Das lasse ich los
2 - Das erledige ich
3 - Das bewirke ich

Bestandsaufnahme

Vergangenheit	3	2	1
Gegenwart	4	5	6
Zukunft	9	8	7

Erkenne Dich selbst

1 - Wer bin ich?
2 - Was brauche ich?
3 - Wie bekomme ich es?

Fragespiel

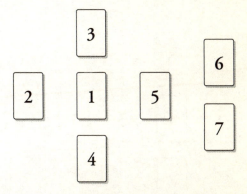

1 - Meine Situation/mein Problem
2 - So entstand es
3 - So fühle ich es heute
4 - Davor habe ich Angst
5 - Das kommt mit der Zukunft
6 - Davor warnt das Tarot
7 - Das empfiehlt das Tarot

13

12

11

5   10

6   2   1   3   7   9

4   8

Keltisches Kreuz

1 - Thema der Frage, Sie selbst
2 - Positive Ergänzung zu 1
3 - Negative Ergänzung zu 1
4 - Wurzel, Basis, Stütze
5 - Krone, Chance, Tendenz
6 - Vergangenheit oder das, was schon da ist
7 - Zukunft oder das, was neu zu beachten ist.
8 - Zusammenfassung der Positionen 1-7; Ihre innere Kraft, Ihr Unbewusstes
9 - Hoffnungen und Ängste
10 - Umgebung und Einflüsse nach außen; Ihre Rolle nach außen
11, 12, 13 - Resümee oder ein Faktor, auf den Sie besonders aufmerksam gemacht werden, der bereits vorhanden ist und der für Ihre Frage besondere Bedeutung gewinnen wird.

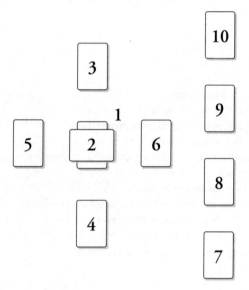

Keltisches Kreuz
(Variante)

1 - Ausgangspunkt, Thema der Frage
2 - Kreuzkarte, Gegensatz oder Ergänzung zu 1
3 - Chancen, Krönung, bewusste Seite
4 - Wurzel, Basis, unbewusste Seite
5 - Vergangenheit
6 - Zukunft
7 - Ihre innere Kraft, Ihre innere Einstellung
8 - Einflüsse von außen, Ihr Verhalten nach außen
9 - Hoffnungen und Ängste
10 - Ergebnis, Ziel, Aufgabe

Der Stern

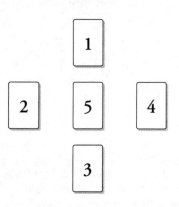

1 - Ihre Lage
2 - Ihre Aufgaben
3 - Ihre Reserven
4 - Welche Einstellung Ihnen weiterhilft
5 - Das Ergebnis der Bemühungen.

Trendlinie

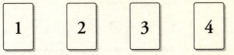

1 - Das kennen Sie schon
2 - Das können Sie gut
3 - Das ist noch neu
4 - Das lernen Sie nun dazu

Wandlungsschritte

1 - Das ist vorbei und abgeschlossen
2 - Das ist vorbei und wirkt noch nach
3 - Darauf bewege ich mich zu
4 - Das kommt auf mich zu
5 - Die gegenwärtige Lernaufgabe

Pyramide

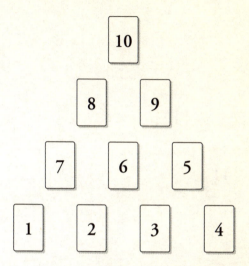

1, 2, 3, 4 - Aufgaben
5, 6, 7   - Hindernisse
8, 9   - Hilfe/Lösung
10   - Ergebnis der Bemühungen

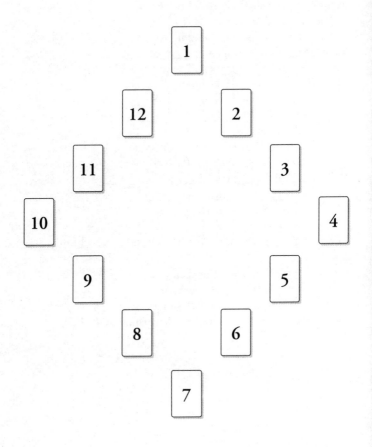

Lebenskreis

1 - Sie selbst, Möglichkeiten und Absichten
2 - Die finanzielle Situation, Erwerbungen
3 - Die nähere Umgebung, die Familienangehörigen, Neuigkeiten, kleinere Ortswechsel, Brüder und Schwestern
4 - Ehe, Familie, der Vater
5 - Das Gefühlsleben, Werke und Schöpfungen, die Kinder
6 - Arbeit, Gesundheit
7 - Das äußere Leben des Fragenden, Verbindungen und Vereinigungen, Heirat, der Ehepartner
8 - Veränderungen, Gewinne, Tiefgreifende Veränderungen
9 - Das geistige Leben, Reisen, höhere Studien, Verwaltung
10 - Die gesellschaftlichen Ambitionen, das Ideal, die Mutter
11 - Beziehungen und Unterstützungen, Pläne, Hoffnungen
12 - Prüfungen, Kämpfe, geheime Dinge

Zum Schluß empfiehlt sich, die Quersumme auszurechnen.

Mut zur Lücke

6

5   7

1   8

2   4

3

1 - Das ist möglich   5 - Das ist nötig
2 - Das ist wichtig   6 - Das ist heiter
3 - Das ist mutig   7 - Das ist witzig
4 - Das ist nichtig   8 - Das führt weiter

Urteil & Perspektive

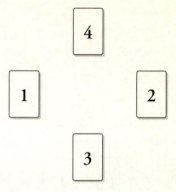

1 und 2 - Hauptaussage
3 - Wurzel oder Basis
4 - Himmel, Chance, Tendenz

oder

1 - Einerseits/Der Aspekt, den Sie schon kennen
2 - Andererseits/Die Kehrseite
3 - Was geändert werden muss
4 - Urteil, Perspektive

```
                              ┌────┐
                              │ 13 │
                              └────┘

                      ┌────┐      ┌────┐
                      │ 11 │      │ 12 │
                      └────┘      └────┘

              ┌────┐      ┌────┐      ┌────┐      ┌────┐
              │  7 │      │  8 │      │  9 │      │ 10 │
              └────┘      └────┘      └────┘      └────┘

      ┌────┐      ┌────┐      ┌────┐      ┌────┐      ┌────┐      ┌────┐
      │  1 │      │  2 │      │  3 │      │  4 │      │  5 │      │  6 │
      └────┘      └────┘      └────┘      └────┘      └────┘      └────┘
```

Lernaufgaben

1 - »Was habe ich erfahren?«
2 - »Worauf kann ich mich verlassen?«
3 - »Welche Früchte sind jetzt reif?«
4 - »Welche Resultate fehlen noch?«
5 - »Welche Wünsche machen mich stark?«
7 - »Welchen Ängsten will ich mich stellen?«
8 - »Und welchen besser ausweichen?«
9 - »Welche Ziele haben sich bewährt?«
10 - »Und welche nicht!«
11 - »Wo liegen meine Hindernisse?« / »Was passt nicht mehr zu mir?«
12 - »Wo finde ich Unterstützung?«
13 - »Wie kann ich meinen Wünschen Nachdruck verleihen?«

0 – Der Narr

Nur Fliegen ist schöner. Als Narr sind Sie *leicht* wie eine Feder – und wunschlos glücklich. Das mag verlockend klingen. Aber es ist auch eine Warnung. Ihre Wünsche und Ängste sind nicht nur Ihre Hypothek, eine Belastung, sondern auch Ihr Kapital, etwas sehr Wertvolles. Nehmen Sie es nicht auf die leichte Schulter, wenn Sie das Gefühl haben, etwas zu versäumen. Erst die Erfüllung wesentlicher Wünsche und die Erledigung wichtiger Ängste macht Sie im guten Sinne wunschlos glücklich. Denn die Null warnt vor einem Leben nach der Devise »außer Spesen nichts gewesen«.

Der »Nullpunkt« bezeichnet aber auch den inneren Schnittpunkt, das Selbst, die Stelle des inneren Zusammenhaltes; wie der Nullpunkt eines Koordinatensystems: Anfang und Ende von allem, was die eigene Person ausmacht.

- **Suchen Sie und bewahren Sie den Kontakt zu Ihrer inneren Mitte.**
- **Bauen Sie auf Ihre Originalität.**
- **Der Schlüssel: Ihre persönliche Freiheit.**

I – Der Magier

Die gute Idee!
B Einklang. Neue Phase. Neuer Typ.
A Setze die Idee um. Sie hat Priorität.
DER MAGIER
Beides – Plus und Minus

Der *Magier* symbolisiert den *Zauberer*, der in uns allen steckt. Magie, die »Möglichkeit des Unmöglichen«, besteht darin, mit dem Kosmos, mit Gott und der Welt eins zu sein.

Die Zahl Eins ist unter den Zahlen, die im Tarot vorkommen, nicht teilbar. »Unteilbar« aber heißt lateinisch *individuum*. Als Magier/in gelingen Ihnen auf Ihrem Lebenswege Wunder, die für Sie ganz natürlich sind, so wie andere Menschen auf ihrem individuellen Weg Zauberstücke vollbringen, die für Sie immer unerreichbar bleiben werden, weil deren Weg nicht Ihrer ist.

In Ihren aktuellen Fragen brauchen und gewinnen Sie Erfindungsgeist – die Gabe, zu sich selbst zu finden, und das Geschick, eine Lücke aufzutun oder eine Brücke zu bauen, die gerade Ihren Auffassungen entgegenkommt. Ihre ganz persönliche Chance kann Ihnen keiner vorführen und kann Ihnen keiner wegnehmen! Sie bietet sich allein Ihnen.

- **Finden Sie eine eigene Lösung!**
- **Behaupten Sie Ihren Platz!**
- **Der Schlüssel: Geistesgegenwart und persönliche Präsenz!**

II- Die Hohepriesterin

Abgrenzung und Offenheit des Seelenlebens. Begraben Sie fruchtlosen Eigensinn und finden Sie den *Sinn des Eigenen*, den eigenen Sinn! Zwei Säulen – zwei Wege, zwei Extreme. Dazwischen die goldene Mitte. Schaffen Sie sich Zeit und Freiraum, um abzuschalten. Fassen Sie den Mut, für Ihre Gefühle zu handeln.

Hier finden Sie die Mittel, die Ihnen am besten helfen, Ihre innere Stimme kennen und verstehen zu lernen: Zum Beispiel die Tarot-Karten, aber auch Meditationen, Traumdeutung, Tagebuch schreiben usw. Lernen Sie Gefühle, Träume und Ahnungen zu deuten. Nehmen Sie sie ernst, aber nicht für bare Münze. Verstehen Sie sie in ihrer praktischen Bedeutung.

Einmal geht es vor allem darum, sich eine Privatsphäre zu schaffen, ein eigenes Zimmer. Ein anderes Mal geht es um die Öffnung der Mauern nach draußen, um den Austausch der Gefühle.

- **Bleiben Sie ruhig.**
- **Lauschen Sie nach innen.**
- **Der Schlüssel: Die selbständige persönliche Orientierung.**

III- Die Herrscherin

Die Karte der Venus – der Schönheit und der Liebe. In Ihren aktuellen Fragen können Sie sich jede künstliche Profilierung sparen. Sie sollten aber auch von Selbstgefälligkeit und allzu großer Empfindsamkeit Abstand nehmen. Setzen Sie sich mit Ihren Erfahrungen und Vorstellungen von Fraulichkeit auseinander. Seien Sie zu sich und zu anderen wie eine gute Frau, Freundin oder Mutter.

Jeder Mensch verkörpert eine bestimmte Wahrheit, die ihm eigen ist und die ihn auszeichnet. Machen Sie Ihre Emotionen fruchtbar; treten Sie für die ein, die Sie lieben!

Wenn wir lieben und geliebt werden, blüht die persönliche Natur auf. Wo Sinn und Sinne ihre Chance erhalten, da wächst die Liebe und mit ihr die Schönheit des Daseins. Sprechen Sie Ihre Mitmenschen in Respekt an, Sie werden vieles bewegen und reiche Früchte ernten.

- **Machen Sie es sich behaglich!**
- **Unterstützen Sie Ihre Lieben.**
- **Der Schlüssel: Natürlichkeit und Wohlbehagen.**

IV – Der Herrscher

Stabilität — A Firma. Selbständig. Können. — Festgefahren — B Etabliert. Vater. Verantwortung.

Der *Herrscher* ist die Kraft in uns allen, die neue Lebensmöglichkeiten erkundet. Für den Widder (s. Widderköpfe am Thron) stellt die Geburt nicht nur einen Anfang dar, der als solcher vorübergehend bleibt. Vielmehr stellt es sein Lebensprinzip dar, der oder die Erste zu sein, Neuland zu betreten und urbar zu machen.

Sie sind der Herr Ihres eigenen Geschicks. Sie stehen in der Verantwortung und der Freiheit, sich selber zu organisieren und zu regieren. Dies gilt nicht nur für Männer, sondern auch für Frauen! Überprüfen Sie Ihr Bild von Männlichkeit. Hüten und schützen Sie sich vor Egoismus und vor Selbstlosigkeit. Probieren Sie es aus, sich selber der Freund, der Mann, der Sohn, der Vater usw. zu sein, den Sie sich wünschen würden.

Sich selbst zu regieren, heißt, sich selbst zu entdecken. Wagen und genießen Sie es, selbständig, ohne Vorbild und in eigenem Auftrag zu handeln.

- **Starten und nicht warten.**
- **Übernehmen Sie Verantwortung.**
- **Der Schlüssel: Pioniergeist.**

V – Der Hierophant

Wissen
A Ausbildung, Meister, Gutachten, Atem
Mangelndes Vertrauen
B Vertrauen, Bildung, Schule, Glaube

Diese Karte ist als Aufforderung zu verstehen, sich in Glaubensfragen *selbständig* zu machen. Was einst die Aufgabe der Priester und Hohepriester war, ist heute Thema für uns alle: Wie finden wir persönliche Antworten auf die großen und kleinen Geheimnisse des Lebens? Wie organisieren wir entsprechende Feste und Feierlichkeiten?

Weil in jedem Menschen eine besondere Wahrheit lebt, hat jede/r etwas zu sagen und mitzuteilen. Äußern Sie sich also, und profitieren Sie von den Erfahrungen der anderen.

Sie finden Ihre Lösung, wenn Sie andere in Ihre Geheimnisse einweihen und wenn Sie sich von anderen in deren Zusammenhänge einführen lassen. Ihnen erwächst Verständnis – und ein Glaube, der nicht auf Dogma oder blindem Vertrauen beruht, sondern auf Erfahrung.

- **In Ihren aktuellen Fragen schlummern größere Zusammenhänge.**
- **Weihen Sie andere in Ihre Pläne und Absichten ein. Und seien Sie offen für das, was andere Ihnen zu sagen haben.**
- **Der Schlüssel: Ihre eigene Kompetenz.**

VI – Die Liebenden

Auf den ersten Blick einfach eine »supergute« Karte. Zusätzlich lässt sich das Bild der *Liebenden* so betrachten, dass hier unterschiedliche Seiten der *eigenen* Persönlichkeit sich auseinander setzen und/oder eine glückliche Verbindung miteinander eingehen. Wie bei jeder Karte kann auch hier jede Bildfigur einen Teil von Ihnen selber illustrieren. So dass es hier auch darum geht, dass Sie sich selber gegenüber treten.

Sie können daher aufhören, Ihr persönliches Glück oder Pech bei Ihrem Partner oder Ihrer Partnerin festzumachen. Entdecken Sie Ihre »bessere Hälfte« auch in sich selbst; wettern Sie nicht über die Probleme der anderen, sondern über Ihr bisher mangelndes Verständnis, mit diesen Problemen effektiv umzugehen.

- **Lenken Sie Ihre Aufmerksamkeit auch auf bisher unbeachtete Schattenbereiche.**
- **Klären Sie Ihre Wünsche und Ansprüche, was »Paradies« für Sie bedeutet.**
- **Der Schlüssel: Ein neues Paradies erwartet Sie!**

VII – Der Wagen

Der steinerne Wagen ist Ihr »Karma«, Ihre Lebensgeschichte, aus der Sie nicht einfach aussteigen können, zu der nur Sie die richtige Einstellung finden können! Wagen Sie einen eigenen Kurs! Fahren und verweilen Sie im eigenen Tempo, im eigenen Rhythmus. Verbinden Sie Ihre momentanen Fragen mit einer bewussten Planung Ihres weiteren Lebensweges.

Die Sphinxen ziehen den Wagen nicht, sie sind ihm vorgelagert. Die Rätsel von heute bereiten den Weg von morgen. Wo Sie Ihre inneren Antriebe und äußeren Ziele aufarbeiten, da bestätigt sich auf neuer Stufe der Zauber des *Magier*. Sie heben Ihr »Karma« auf und machen selber Geschichte.

- **Setzen Sie sich in Ihren aktuellen Fragen sorgsam mit den gegebenen Widersprüchen auseinander.**
- **Schützen Sie sich vor Menschen, denen deren Widersprüche verschlossen sind. Misstrauen Sie Einbahnstraßen und solchen Lösungen, die für alle gleich sind.**
- **Der Schlüssel: Seien Sie mutig und energisch in der Auseinandersetzung mit sich selbst.**

VIII – Kraft

Verständnis
A Es renkt sich ein. Körperarbeit.
B Unterschiedliche Charaktere
Erzwinge es nicht!

Die weiße Frau, der rote Löwe, der blaue Berg – das sind (auch) Sie selber. Hier geht es darum, als ganzer Mensch anwesend sein, alle Kräfte im Brennpunkt des Augenblicks zu versammeln. Diese Karte warnt Sie vor innerer Zerrissenheit und einem permanenten Kampf gegen sich selbst und/oder andere. Finden Sie genau heraus, was Sie und andere wirklich wollen.

Sie brauchen Feuerproben nicht zu fürchten. Oft glauben wir, wir hätten zu wenig Energie, müssten Energie tanken wie eine leer gewordene Batterie. Wie die Sonne aber ist unsere Lebensenergie immer vorhanden, sie ist manchmal nur versteckt. Begrüßen Sie die aktuellen Herausforderungen als Gelegenheiten, in denen Sie stille Reserven zum Leben erwecken und ausprobieren können, wo Ihre tatsächlichen Grenzen liegen.

- **Ihr Maximum an Kraft erreichen Sie, wenn Sie allen vorhandenen Kräften jeweils den Platz zuweisen können, auf dem sie sich am besten entfalten können.**
- **Das ist besser, als darauf zu achten, wie sich vorhandene Schwächen am besten kritisieren ließen!**
- **Der Schlüssel: Volle Kraft – hier und jetzt!**

IX – Der Eremit

Die Laterne und das Licht darin sind Symbole des menschlichen Verstandes und unseres Anteils am »göttlichen« Licht. Jeder Mensch bringt etwas Neues in die Welt, das es ohne ihn nicht geben würde. Soweit verkörpert jeder etwas Jungfräuliches. Jeder Mensch besitzt in sich etwas Vollkommenes, Reines (was im Bild auch der weiße Boden darstellt).

Jeder Mensch hat die Notwendigkeit, gewisse Probleme zu erkennen und zu beheben. Jeder hat die Möglichkeit, die Welt ein Stück weit heiler zu machen. Entdecken Sie, wie weit sich Ihre Sicht der Dinge von der der anderen unterscheidet. Stützen Sie sich auf Ihre persönliche Wahrnehmung und Empfindung.

Der Eremit verkörpert einen Menschen, der zur richtigen Zeit seine Probleme löst und seine Aufgaben erledigt, ohne etwas unter den Teppich zu kehren. Darum geht es auch in Ihren aktuellen Fragen!
- **Bringen Sie Ihr Licht in die Welt.**
- **Indem Sie die Erde heilen, ernten Sie die Früchte Ihrer Talente.**
- **Der Schlüssel: Kommen Sie mit sich ins Reine.**

X – Rad des Schicksals

Nehmen Sie Anteil am Weltgeschehen, und die Welt wird Anteil an Ihnen nehmen! Wenn Sie Ihren Regiekünsten im Alltag wenig zutrauen, dann verwandelt sich das Schicksal in eine scheinbar objektive Angelegenheit. Sie müssen dafür sorgen, dass Sie selber auf der Bildfläche erscheinen und die Fäden in die Hand nehmen.

Die beiden Fähigkeiten, die Dinge des Lebens ohne Scheuklappen zu betrachten *und* herauszufinden, was Sie wirklich wollen, hängen auf eine besondere Art miteinander zusammen.

Schützen Sie sich davor, Ihr Leben in viele Einzelbereiche zu zerstückeln. Ziehen Sie eine Summe aus Ihren Erfahrungen. Wenden Sie sich mit allem, was zu Ihnen gehört – allen Stärken und Schwächen –, den Erfordernissen des Augenblicks zu.

- **Jetzt ist die Zeit reif für größere Zusammenhänge und bessere Lösungen!**
- **Nicht in der Manipulation, sondern in der Anerkennung der Tatsachen finden Sie die größte Unterstützung für Ihren Willen.**
- **Der Schlüssel: »Glück ist Talent für das Schicksal« (Novalis).**

XI – Gerechtigkeit

Hier geht es um eine Grenzerfahrung, die uns deutlich macht, was größer ist als wir. Es geht um den bewussten Umgang mit der Lebenskraft, die bewusste Lust, das Göttliche, das auch dann noch größer ist als wir, wenn wir uns selber optimal entfalten und wachsen. »Gerechtigkeit« ist hier jedenfalls kein abstraktes Prinzip, sondern die praktische Frage danach, wie wir vielfältigen, vitalen Bedürfnissen zur gleichen Zeit Genugtuung und Befriedigung verschaffen.

Die vorherrschende Farbe Rot ist die Farbe der *libido*, des Herzbluts, der Triebenergie. Mit Waage und Schwert werden die Triebimpulse gerichtet – möglichst nicht abgeurteilt, sondern auf- und ausgerichtet. Hüten und schützen Sie sich vor sinnlosen Idealen und vor Gewaltsamkeiten im Namen der Liebe. Geben Sie der Lebenslust eine neue, bewusste Chance.

- **Lernen Sie auch von gegnerischen Positionen.**
- **Lassen Sie Ihre Gegner auch von Ihnen lernen!**
- **Der Schlüssel: Liebe und Kritik – alles im richtigen Maß.**

XII – Der Gehängte

Der Gehängte besitzt einen klaren und eindeutigen Standpunkt. Nur dass sein Bezugspunkt nicht die Erde, sondern die himmlische, transzendente Perspektive ist. Bauen Sie auf die himmlische Perspektive. Der Himmel symbolisiert die *spirituelle* Seite des Lebens. Und es gilt auch: »Des Menschen *Wille* ist sein – Himmelreich«.

Nutzen Sie Ihre aktuellen Fragen, um Ihre Glaubenssätze zu prüfen. Untersuchen Sie den Anhaltspunkt, den Sie für Ihren Glauben und Ihr Vertrauen besitzen. Deuten Sie die Gefühle, die Träume, die unbewussten Regungen bei allen Beteiligten. Wenn Sie aber Ihren Glauben geprüft haben, scheuen Sie sich nicht, sich ihm restlos anzuvertrauen: Ein sinnvoller Glaube und eine bewusste Passion sind das Höchste der Gefühle!

- **Stellen Sie fest, was Ihnen so wichtig ist, dass Sie sich wirklich mit ganzer Existenz daran hängen. Alles andere ist zurzeit von untergeordneter Bedeutung.**
- **Versuchen Sie einmal, die gegenteilige Position einzunehmen oder zu verstehen.**
- **Der Schlüssel: Bewusstseinswandel.**

XIII – Tod

Transformation
B Ende der Beziehung.
A Endgültig. Etwas beenden. Aus.
TOD
Lasse das Ende zu!

Trauer über Tod und Verlust ist unvermeidlich. Doch die grausamen Ängste eines verdrängten Todes sind unnötig und unwürdig. Man kann tot sein, lange bevor man stirbt. Und man kann leben, lange nachdem man gestorben ist!

Der Sensenmann will etwas ernten! Er will Früchte nach Hause tragen. Daher die Erntekrone, die der Schwarze Reiter in seiner Standarte trägt. Trennen Sie sich von dem, was tot ist, aber behalten Sie, was lebt. Stellen Sie fest, was jetzt zur Ernte reif ist und wo Sie umgekehrt Platz schaffen sollten für eine neue Aussaat.

Die Karte handelt von der Kraft, einschneidende Veränderungen selber vorzunehmen. Ihre aggressiven Impulse werden erst dann gefährlich, wenn Sie sie zu leugnen versuchen.

- **Sie können Ihre Kraft und Ihre Macht nicht gegen andere, sondern nur *für sich* entwickeln.**
- **Schaffen Sie Platz für Neues, für neue Möglichkeiten und einen neuen Sonnenaufgang.**
- **Der Schlüssel: »Positive Aggressionen« – für sinnvolle Änderungen kämpfen.**

XIV – Mäßigkeit

Die große Versöhnung, die Aufhebung der Gegensätze. Hier sehen Sie sich – sozusagen am Mischpult, am Schmelztiegel Ihrer persönlichen Welt. Das rechte Maß – eine Kardinaltugend. Aber auch: Triumph des Wunschdenkens, falsche Suche nach dem Absoluten, *symbolisches* oder theatralisches Leben.

Sie durchleben ein »Fegefeuer«. Nehmen Sie die Widersprüche Ihres Lebens selber in die Hand! Sie sollen Tatsachen weder ignorieren noch vor ihnen kapitulieren. Tatsachen lassen sich ändern, sie sind eine Sache der Tat.

Hüten und schützen Sie sich vor Manipulationen. Die Anerkennung aller (!) Tatsachen erzielt den maximalen Erfolg. Die Spaltung zwischen Wunsch und Wirklichkeit, bewusstem Willen und unbewussten Handlungen kann überbrückt werden. Eine lustvolle Verwandlung, in der die bisherigen Fakten umgeschmiedet werden.

- **Durch Ihr Tun schaffen Sie neue Tatsachen – Sie sind ein schöpferischer Mensch.**
- **»Geben Sie Gas«, zeigen Sie, was Sie können.**
- **Der Schlüssel: Ihre Kreativität.**

XV – Der Teufel

Lassen Sie sich nicht ins Bockshorn jagen. Hier haben Sie die Chance, sich ein paar alte »Hörner« abzustoßen. Auf der einen Seite stellt der *Teufel* einen Vampir dar. Eine wirkliche Belästigung, womit wir uns und anderen das Leben schwer machen. Davor fürchten wir uns zu Recht, und diesen Teil des Schattens können wir jetzt loswerden, weil wir ihn erkennen.

Auf der ganz anderen Seite verkörpert der *Teufel* ein Kellerkind. Das ist ein Teil von uns, den wir bisher stiefmütterlich oder stiefväterlich behandelt haben, obwohl wir eine Sehnsucht nach ihm empfinden. Diesen können wir jetzt heimholen. Wenn wir Licht ins Dunkle bringen, zerfällt der Vampir zu Staub, und das Kellerkind gewinnt Form und Farbe.

- **Hören Sie auf, sich und/oder andere zu verteufeln.**
- **Stellen Sie sich dem Unbekannten, beobachten Sie es, bis Sie genau wissen, was Sie davon nutzen können und was nicht.**
- **Machen Sie sich von Vorurteilen frei. Fassen Sie Mut, Ihre Talente und Möglichkeiten neu zu bestimmen.**

XVI – Der Turm

Denken Sie zunächst einmal an Fallschirmspringer/innen oder an Turmspringer (im Schwimmbad), um zu spüren: Es kann auch eine Lust oder ein Abenteuer sein, »aus allen Wolken zu fallen«…

Der Turmbau zu Babel und sein Gegenteil – das Pfingstereignis: Der »Heilige Geist« kommt in Gestalt von Feuerzungen auf die Jünger herab, diese beginnen zu reden, und jeder hört sie in der eigenen Muttersprache. Statt Sprachverwirrung also eine Aufhebung der Sprach- und Verständigungsgrenzen.

Babel und Pfingsten – zwei gegensätzliche Pole der Nutzung der höchsten Energien, die wir kennen. Zwei völlig verschiedene Arten, »aus dem Häuschen« zu geraten. Gewalt zerstört und führt zu Sprachlosigkeit und Verwirrung. Liebe dagegen hebt nicht nur die Sprachbarrieren auf, sie ermöglicht eine Verständigung über alle Grenzen hinweg.

- **Die Karte warnt vor Überheblichkeit und Größenwahn, vor Ohnmachtsgefühlen und Schüchternheit.**
- **Sie ermuntert Sie zu mehr Direktheit! Lassen Sie sich fallen!**
- **Steuern Sie die starken Kräfte dadurch, dass Sie sie sich – Schritt für Schritt – einteilen.**

XVII – Der Stern

Reiner Geist, wahre Schönheit. Kosmische Klarheit und persönliche Transparenz, doch auch gefrorene und fixierte Gefühle. Als Licht in der Nacht verkörpert der *Stern* unsere *Hoffnungen*. Er ist ein Inbegriff unserer Wünsche, aber auch jener Wunschträume, denen es an Bodenständigkeit fehlt. Die Karte kann sogar für Unverschämtheiten sowie für eine übertriebene Suche nach Sensationen stehen, wie sie sich in vielen Formen des Star- und des Fan-Kultes darstellt. Gefahr von Selbstverlorenheit oder Selbstverliebtheit.

Folgen Sie Ihrem Stern, finden Sie den Weg zu Ihren ureigenen Quellen. Zeigen Sie die Brillanz, die Schönheit und Wahrheit Ihrer Person. Tauen Sie vereiste Gefühle auf. Schlimme Erfahrungen wollen verarbeitet und erledigt, schöne Hoffnungen zu Ende geträumt und verwirklicht werden!

- **Weisen Sie also Hochmut und Kleinmut zurück.**
- **Fassen Sie Mut auch zu unkonventionellen Lösungen und Entscheidungen.**
- **Stellen Sie Ihr Licht nicht unter den Scheffel!**

XVIII – Der Mond

Das kollektive Unbewusste, die »ozeanischen« Gefühle. *Der Mond* ruft verborgene Regungen ans Licht, wie den Krebs, uralte Gefühle und Instinkte. Hier ist Ihr Mut zu großen Gefühlen gefordert!

Wie in einer Vollmondnacht, so kann es aufwühlend sein, wenn Höhen und Tiefen des Lebens, die sonst eher im Verborgenen schlummern, auf einmal lebendig werden. Es kommt jetzt darauf an, dass Sie sich mit diesen größeren Dimensionen auseinander setzen.

Ihre große Chance: dass Sie sich in jedes lebende Wesen einzufühlen vermögen. Nichts Menschliches bleibt Ihnen fremd. Fühlen Sie sich auch in »großen Gefühlen« wie zu Hause. Nehmen Sie sie als eine Realität, die gelebt sein will wie alle anderen Aspekte der Wirklichkeit auch.

- **Schützen Sie sich vor falschem Glauben, und stärken Sie berechtigtes Vertrauen!**
- **Finden Sie eine vernünftige Einstellung zu dem, was nicht mehr kalkulierbar und nicht allein verstandesmäßig fassbar ist.**
- **Nehmen Sie Ihre Wünsche und Ängste ernst und fangen Sie damit etwas an.**

XIX – Die Sonne

Die Sonne symbolisiert Erneuerung und Erholung. Sobald wir einmal die Kinderschuhe ausgezogen haben, gehört ein bewusster Akt dazu, wieder zum Kind zu werden. Dieser Akt wird die *Zweite Geburt* genannt. An die Stelle eines herkömmlichen Verhaltens und Denkens tritt ein selbst erprobter Lebensstil. Wahlverwandtschaft ersetzt Blutsverwandtschaft (wobei man natürlich auch die alten als die neuen Verwandten bestätigen kann). Wille und Bewusstsein bestimmen die großen und die kleinen Dinge des persönlichen Lebens anstelle von Gewohnheit und Wiederholung.

Als Erwachsener wieder Kind zu sein, ist etwas, das Sie von nichterwachsenen sowie von nur-erwachsenen Menschen unterscheidet: Sie sind auf beiden Seiten der Mauer zu Hause. Sie verfügen damit über ein unglaubliches Energiepotential (siehe die Fahne).

- **Sie finden den Platz, wo für Sie die Sonne scheint!**
- **Fördern Sie das Kind in sich ans Licht!**
- **Hüten und schützen Sie sich vor Blendwerk.**

XX – Gericht

Der »Jüngste Tag« ist heute. Jeder Tag ist Abschied und Neuanfang. Es sei denn, Sie schleppen stets alten Ballast in den neuen Tag hinein. Dann bedeutet die Karte nicht Wiedergeburt, sondern Wiederholung.

Hier tut sich alles auf: Die »Beziehungskisten«; Probleme oder neue Möglichkeiten, mit denen Sie schon lange »schwanger« gingen; Bereiche, die Sie bisher wie ein »Blaubartszimmer« noch nicht berührt haben. Es ist eine Karte, die Sie auffordert, auch die extremen Seiten des Lebens zu unterscheiden und zu verbinden, wie es das Kreuz auf der Fahne darstellt. Entwickeln Sie Leitbilder und Horizonte, die den wirklichen Erfahrungen und Bedürfnissen gerecht werden.

- **Strecken Sie die Arme aus, um sich zu versöhnen oder um sich zu verabschieden. Ziehen Sie einen Strich unter das, was war.**
- **Lernen Sie verzeihen, ohne zu vergessen.**
- **Geben Sie sich und anderen eine neue Chance. Lassen Sie sich nicht überwältigen. Sie können selber wählen.**

XXI – Die Welt

Passender Ort
A Erfolg, International, Andere Region
Unpassende Umgebung
B Umgebung, Ausland, Anderer Ort
DIE WELT

Nutzen und gestalten Sie Ihren Spielraum in der Welt. Nichts ist aus sich allein heraus verständlich. Zu jedem Satz gibt es einen Gegensatz, zu jedem Spruch einen Widerspruch. Der Zweck der Auseinandersetzung mit den Polaritäten des Lebens ist die Entdeckung der persönlichen Werte und die Bestimmung dessen, was für Sie wirklich wesentlich ist.

Die beiden Zauberstäbe bedeuten auch eine Verbindung von subjektiver und objektiver Betrachtungsweise. Beide »Maßstäbe« können und sollen hier ergriffen werden: Welterfahrung und Selbsterfahrung, der »kleine Kreis« des Privaten, Häuslichen und Persönlichen ebenso wie der »Makrokosmos«, des Öffentlichen, des Politischen und des Allgemeingültigen. Dabei muss der Mann sich in der Frau erkennen, um die Welt zu verstehen. Und die Frau muss sich in der Welt erkennen, um sich selbst zu verstehen.

- **Übernehmen Sie die Verantwortung für Ihr Tun.**
- **Befreien Sie sich von unerwünschten Abhängigkeiten und Vorschriften.**
- **Bleiben Sie in Bewegung.**

König der Stäbe

Der Salamander ist jenes Fabeltier, das durchs Feuer geht, ohne dabei umzukommen. Der Teil steht für das Ganze. Der Salamander steht stellvertretend für die ganze Natur des *König der Stäbe*, dieser Majestät des Feuers. Es geht um die Meisterung des Feuers, um die Souveränität im Umgang mit Trieben und Motiven, Macht und Willen.

Auch Sie können Feuerproben aushalten und gestalten. Mehr noch: Sie brauchen sie sogar. Denn nur im Feuer können Ballaststoffe verbrennen; die Schlacke setzt sich ab, und das Edle tritt hervor.

Der Stab symbolisiert Ihre Trieb und Ihre Wachstumskraft. »Übertreiben« Sie nicht. Doch halten Sie Ihr Feuer auch nicht auf Sparflamme!

- **Wenn Sie Ihren Bedürfnissen untreu werden oder sich auf zu kleine, zu begrenzte Ziele versteifen, geht Ihnen das Feuer aus.**
- **Nehmen Sie die Aufgaben und die Herausforderungen des Augenblicks an.**
- **Greifen Sie zu, ziehen Sie sich nicht im entscheidenden Moment wieder zurück.**

Königin der Stäbe

Lebens-Künstlerin
A Managerin. Innovativ. Führend.
Dramatische Szenen
B Kapriziös. Interessant. Rivalin.
KÖNIGIN DER STÄBE

Ihre besondere Stärke ist es, den ersten Anstoß zu geben. Ihre Selbstbehauptungskraft und eine lebendige Sexualität sind Garanten Ihres Erfolgs und Ihres Wohlbefindens.

Verfallen Sie nicht in Ungeduld, sondern gehen Sie Ihren Weg! Lassen Sie Ihre Sonne scheinen! Sie haben den »Tiger im Tank« und Feuer, das aus dem Herzen kommt. Sie können erstaunlich viel Wärme abgeben, wenn Sie sich begeistert engagieren und großzügig zu sich sowie zu anderen sind.

Ihre aktuellen Fragen erfordern Leidenschaft und Bewusstsein – und immer eine besondere Treue zu sich selbst! Setzen Sie sich für Ihre Sache ein, und beginnen Sie auch, wenn andere noch nicht anfangen. Teilen Sie sich Ihre Aufgaben ein, und betonen Sie jeden Schritt.

- **Stellen Sie sich auf eine Phase verstärkter Aktivitäten ein.**
- **Lassen Sie die Katze aus dem Sack! Zeigen Sie, was in Ihnen steckt.**
- **Bringen Sie Ihre Lust und Ihre Begeisterung ins Spiel. Das ist entscheidend für Ihren Erfolg.**

Dame der Stäbe

Vitale junge Frau
B »Vamp«. Unabhängig. Freizügig.
A Agentin. Motiviert. Aufschwung.
DAME DER STÄBE
Ansprüche

Sie verfügen über enorme Energien und das Herz einer Löwin. Sie haben die Kraft, für Ihre Ziele durchs Feuer zu gehen und auch eine wüste Durststrecke zu überwinden. Verzetteln oder vergaloppieren Sie sich nicht! Unbedeutende Aufgaben oder unwirkliche Ziele werden Ihre Sehnsucht nicht stillen. Bleiben Sie Ihren wirklichen Wünschen, den lebendigen Träumen treu, auch wenn manche Lebensumstände, wie eine Sphinx, Ihnen Rätsel aufgeben.

Setzen Sie sich würdige Ziele, und betonen, ja, genießen Sie jeden Schritt auf den Wegen dorthin. Gehen Sie aus sich heraus, bringen Sie Ihr innere Einstellung nach außen, ohne Rücksicht auf bestimmte Vor-Erwartungen oder Vor-Urteile. Die gesuchten Antworten werden Ihnen klar, wenn etwas *geschieht*. Bleiben Sie in Bewegung. Auf Sie warten große Aufgaben und Abenteuer.

- **Stellen Sie Ihr Licht nicht unter den Scheffel.**
- **Engagieren Sie sich und bringen Sie sich ganz ein.**
- **Verstehen Sie, wonach Sie und andere suchen!**

Ritter der Stäbe

Sie verfügen über enorme Energien und weit reichende Ziele. Sie haben die Kraft, für Ihre Ziele durchs Feuer zu gehen und auch eine Durststrecke zu überwinden. Verlieren Sie sich nicht in Wüstheit, und spielen Sie nicht den Wüstling! Vielmehr geht es darum, dass Sie Ihre großen Träume und Ihre großen Ziele jetzt auf den Weg bringen.

Der *Ritter der Stäbe* geht nicht durchs Feuer, vielmehr lebt er *inmitten* des Feuers. Ein gutes intuitives Reaktionsvermögen hilft Ihnen jetzt weiter und ebenso ein vertrauensvoller, zielstrebiger Blick nach vorn.

Engagieren Sie sich und bringen Sie sich ganz ein. Verstehen Sie, wonach Sie und andere suchen! Auf Sie warten große Aufgaben und Abenteuer.

- **Bringen Sie Ihre Neigungen, Triebe und Talente unter einen Hut.**
- **Setzen Sie sich anspruchsvolle Ziele und genießen Sie jeden Schritt auf dem Weg dorthin.**
- **Vertrauen Sie auch dem Sinn von unbedachten Reaktionen und Äußerungen. Äußern Sie noch deutlicher, was in Ihnen vorgeht.**

Page der Stäbe

Der *Page der Stäbe* lebt in einer Situation, worin der Stab einfach *größer* ist als die Person selber. Der Trieb ist stärker als die Lebenserfahrung. Hier erfahren Sie Frühlingsgefühle, neue Angebote, Bewährungsproben und Bestätigungen. Tatendrang und Wachstumslust stellen Sie vor die Aufgabe, über sich selbst hinauszuwachsen.

Hüten Sie sich nur vor allzu großer Unbedachtheit und allzu langer Unentschlossenheit. Wenn Sie eine »neue Flamme« entdecken, dann machen Sie sich auch für neue Erfahrungen bereit. Was sich jetzt neu entwickelt, dürfen Sie nicht unbedingt an Ihren bisherigen Erfahrungen messen. Ein spielerischer Ernst hilft Ihnen jetzt am meisten weiter. Vermeiden Sie Oberflächlichkeiten und unnötige Dramatisierungen. Haben Sie ein waches Auge für Ihre Wünsche und die Gunst der Stunde – und greifen Sie zu.

- **Begreifen Sie Energien, die größer sind als Sie selbst.**
- **Hüten und schützen Sie sich vor Eiferern.**
- **Halten Sie sich fest an das, was Ihr Herz in Schwung erhält!**

Maid der Stäbe

Fröhliches Mädchen
B Kesse Tochter. Aufmunterung.
A Einen Plan aushecken. Günstig.
MAID DER STÄBE
Vorlauf

Auch die *Maid der Stäbe* lebt in einer Situation, worin der Stab einfach *größer* ist als die Person selber. Der Trieb ist stärker als die Lebenserfahrung. Hier erfahren Sie Frühlingsgefühle, neue Angebote, Bewährungsproben und Bestätigungen. Hüten Sie sich nur vor allzu großer Unbedachtheit und allzu langer Unentschlossenheit.

Wenn Sie eine »neue Flamme« entdecken, dann behalten Sie sich selbst im Blick. Lassen Sie sich von Ihrem Schwarm nicht in die Irre (Wüste) führen. Folgen Sie der Sehnsucht, die Sie nach eigenen größeren Möglichkeiten haben!

Vermeiden Sie Oberflächlichkeiten und unnötige Dramatisierungen. Ein spielerischer Ernst hilft Ihnen am besten weiter. Haben Sie ein waches Auge für Ihre Wünsche und die Gunst der Stunde – und greifen Sie zu.

- **Begreifen Sie Energien, die größer sind als Sie selbst.**
- **Hüten und schützen Sie sich vor Blendern und Angsthasen.**
- **Halten Sie sich an die Ziele, die in fest Ihrem Herzen sind!**

Stab-Ass

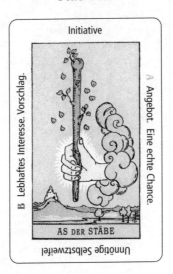

Das Feuer schenkt Ihnen die Flamme der Begeisterung, die Farbe der Lebendigkeit und die Dynamik des Willens.

Die Hand aus der Wolke: Es ist ein Geschenk des Lebens, dass Sie jetzt das Feuer von Kraft und Wachstum noch einmal neu entdecken und in die Hand nehmen können. Der Wille zu sich selbst und die Lust, über sich hinauszuwachsen, stellen die beiden Richtungen dieser Feuerenergie dar.

Tragen Sie dazu bei, dass menschliche Kälte, Farblosigkeit und »tote Hosen« in ihre Schranken verwiesen werden. Wehren Sie sich gegen Übermacht und Ohnmacht. Hartherzigkeit ist jetzt ebenso von Übel wie kraftlose Weichheit. Sie haben die Macht, Ihren Willen zu behaupten und zu verwirklichen. Sexualität, Kreativität, das Leben mit Kindern und Alten (auch mit dem inneren Kind und dem weisen Alten in sich) fördern die kunstvolle Nutzung des Feuers:

- **… so spinnen Sie Stroh zu Gold.**
- **Lassen Sie sich von niemandem das Gesetz des Handelns aufzwingen.**
- **Sie haben das Heft in der Hand.**

Stab-2

Ansicht
A Besichtigung. Diskussion. Meinung.
Unvereinbare Standpunkte
B Gespräche. Lebensanschauung.

Die Kunst des Anfangs – die Kunst, mit vielen Menschen, Aufgaben und Energien etwas *anfangen* zu können. Nur wer auch Anfänger/in sein kann, lernt ein bestimmtes Metier zu beherrschen. Lassen Sie sich bewegen, und setzen Sie sich und Ihre Mitmenschen neu in Bewegung.

Jeder Mensch ist Herrscher/in im eigenen Reich. Und in diesem Reich ist er oder sie ohne Vorbild und Beispiel!

Triebe oder Taten, die sich widersprechen oder ergänzen. Lassen Sie sich nicht in eine Zwickmühle treiben. Sie haben die Kraft, »Herrscher« im eigenen Leben zu sein und ein persönliches »Reich« zu errichten.

Dabei zählen Vertrauen in die eigene Kraft, Entschlossenheit und Beherrschtheit. Vermeiden Sie Stückwerk. Setzen Sie auf einen groben Klotz einen passenden Keil. Der Ball liegt bei Ihnen.

- **Warten Sie so lange, bis sich Ihre Sicht der Dinge rundet und bis Ihr Entschluss feststeht.**
- **Wenn Sie so weit sind, zögern Sie nicht länger, bringen Sie Ihren Ball ins Spiel!**
- **Handeln Sie mit ganzer Macht.**

Stab-3

Setzen Sie sich ganz für Ihre Sache ein. Lassen Sie sich von Hindernissen nicht hemmen, sondern anspornen! Jetzt ist für Sie eine gute Zeit, Arbeiten abzuschließen, neue Projekte zu beginnen oder allgemein Farbe in den Alltag zu bringen. Andere Menschen kommen ebenfalls mit schwungvoller Energie auf Sie zu. Schauen Sie sich deren Vorschläge genau an.

Kraftmeierei und Willensanstrengung führen Sie jetzt ebenso wenig weiter wie ängstliches Zaudern oder geduldiges Zuwarten. Für die gegebenen Probleme gibt es *intelligentere* Lösungen; auf die kommt es jetzt an. Ihr Platz an der Sonne ist die *Besonnenheit*, auch und gerade wenn Sie sich sehr stark und persönlich engagieren. Bewusstheit in und bei Ihren Aktionen ist der springende Punkt.

- **Seien Sie geduldig und fest in Ihrem Willen.**
- **Halten Sie Ausschau nach neuen Lösungswegen!**
- **Lassen Sie sich nicht verheizen. Es gibt bessere Lösungen, die Ihre Begeisterung fordern und fördern.**

Stab-4

- Bekannte
- A Nutze die Kontakte! Es ist bekannt.
- Kontaktstörung
- B Bekanntenkreis. Kontakte

Sorgen Sie daher dafür, dass Sie sich nicht »unterbuttern« lassen. Bringen Sie Ihre *ganzen Kräfte*, Ihre Bedürfnisse und Neigungen zur Geltung.

Ist dies gegeben, dann ist die kleine Größe der Bildfiguren als solche ganz in Ordnung. Sie stellt dann nur ein grafisches Mittel dar, einen Vergleich, der deutlich macht, wie *hoch* die Stäbe und die Girlande im Vordergrund ragen. Dies ist dann ein Symbol der Hochspannung und besagt: Gerade *weil* Sie und andere sich ganz ins Geschehen einbringen, entsteht eine Hochenergie. Hier finden Sie Ihr ganz persönliches *Kraftzentrum*.

- **Erschrecken Sie nicht vor den widersprüchlichen Erfordernissen des Augenblicks.**
- **Ungesunden Stress und unerwünschten Leerlauf verhindern Sie, wenn Sie sich mit bewusster Kraft engagieren. Drücken Sie sich nicht vor unangenehmen Widersprüchen.**
- **Setzen Sie sich für Ihre Ziele ein. Bringen Sie Ihre Identität zur Geltung, nicht zuletzt Ihre spezifische Identität als die Frau bzw. der Mann, der/die Sie sind!**

Stab-5

Weiter so!
B Gemeinsame Unternehmungen!
A Wettbewerb, Werbung, Okay!
Scheinkampf

Mittendrin in einem schöpferischen Chaos. Spiel, Streit, Entwicklung verschiedener Energien, von halbwüchsigen, neu wachsenden Interessen und Absichten, auch innerhalb der eigenen Person. Nur wenn »viele Flammen« brennen, bildet sich der persönliche Wille immer wieder neu und bleibt lebendig.

Verstehen Sie die Karte allerdings auch als Warnung davor, sich in Auseinandersetzungen zu verstricken und das Ziel aus den Augen zu verlieren.

Verzichten Sie darauf, Ihre Willenskraft vor allem daran zu messen, ob Sie einmal ausgedachte Vorstellungen dann auch verwirklichen können. Der Lauf der Dinge zeigt Ihnen nicht nur, was Sie selber wollen, sondern eben auch, was das Leben von Ihnen »will«. Diese Impulse zu verstehen, ist nicht immer leicht. Doch es bringt unendlich viel.

- **Hüten Sie sich vor Halbheiten, doch genießen Sie den Wettstreit des noch Unvollendeten.**
- **Öffnen Sie sich für das Spiel der Kräfte – in Ihnen, mit Ihnen und um Sie herum.**
- **Beteiligen Sie sich, und finden Sie wieder neu zur eigenen Mitte.**

Stab-6

Ihre optimale Kraft entfalten Sie, wenn Sie Stärken und Schwächen gemeinsam ins Feld führen. Handeln Sie und stellen Sie Ihr Licht nicht unter den Scheffel. Doch verbergen Sie auch nicht Ihre »kleinen«, Ihre schwachen Seiten.

Im Gegenteil, wenn Sie dem folgen, wofür Sie eine *Schwäche* besitzen, so wird Sie auch dies stärken! Wenn Sie Stärken *und* Schwächen ins Feld führen und einkalkulieren, sind Sie sicher in Ihren Bemühungen, bringen sich selbst ganz ein und können auch auf eventuelle Rückschläge flexibel und »ganzheitlich« reagieren.

Vertreten Sie, was Sie innerlich bewegt, und setzen Sie sich ganz dafür ein. Hüten Sie sich vor einem falschen Heldentum, das von Schwächen nichts wissen möchte. Genauso wie vor einer falschen Schüchternheit und ohnmächtigen Bescheidenheit, die von den eigenen Stärken nichts erwartet.

- **Lassen Sie sich nicht einschüchtern.**
- **Setzen Sie andere nicht unter Druck!**
- **Folgen Sie dem, wofür Sie eine Schwäche besitzen, und treten Sie für Ihre innersten Überzeugungen ein.**

Stab-7

Neue Höhen – neue Tiefen: Aktionismus und Ehrgeiz schaden jetzt nur. Entscheidend ist ein neues Niveau, ein »ausgeschlafener« Stil im Einsatz der Kräfte.

Ziel und Lohn: Sie erreichen mehr, während Sie sich selber weniger verschleißen. Das wirkt wie ein Wunder, und es ist wunderbar! Und doch ist es nichts Unerfindliches, die Erklärung liegt vielmehr auf der Hand: So wie wir Schulaufgaben, Computersprachen oder Tagesabläufe als Erwachsene mit einer Selbstverständlichkeit beherrschen, die uns als Kind unvorstellbar gewesen wäre, genauso können wir eine Souveränität im Umgang mit komplexen Energien und gleichzeitigen Aufgaben erreichen.

- **Überwinden Sie Mutlosigkeit und blinden Eifer, verlassen Sie sich nicht auf dramatische Entscheidungen oder halbherzige Aktionen.**
- **Erfolg ist jetzt eine Frage eines anderen Stils in Ihren Bemühungen.**
- **Spitzen Sie Ihre Kräfte zu. Entspannen Sie sich, um sich zu konzentrieren.**

Stab-8

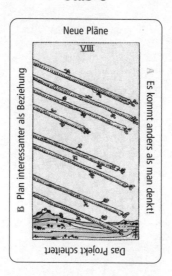

Vieles ist nun in Bewegung, dem Sie nur gerecht werden, wenn Sie sich persönlich ganz engagieren. Haben Sie Mut, auf breiter Front zu neuen Erfahrungen und Eindrücken vorzudringen.

Sie erleben und erreichen Veränderungen auf vielen Ebenen. »Liebe Gewohnheiten« und alte Vorstellungen können sich zunächst wie ein Bretterzaun darstellen, der die Welt vernagelt. Wenn Sie aber von dem ausgehen, was Sie und alle Beteiligten wirklich wollen, können Sie sich ohne Schaden und ohne Verluste von Hindernissen und Hemmungen befreien.

Machen Sie sich innerlich bereit, einen großen Schritt zu tun. Sie haben viele Fähigkeiten, und vieles kann jetzt zu einem neuen Ergebnis gebracht werden. Prüfen Sie Ihre Pläne und Absichten und dann – vertrauen Sie ihnen. Verlieren Sie sich selbst nicht aus dem Blick, aber gehen Sie jetzt weiter!

- **Beenden Sie einen unerwünschten Schwebezustand.**
- **Bekennen Sie Farbe und verwirklichen Sie den Zauber, der in Ihnen steckt!**
- **Sie werden vielfältige Unterstützung gewinnen.**

Stab-9

Die Binde am Kopf der Bildfigur ist möglicherweise ein Verband und kündet von den Verletzungen eines einseitig orientierten Bewusstseins; oder dieselbe Binde ist das Abzeichen eines Kriegers oder Spähers auf seinem Pfad und signalisiert eine *rundum gerichtete*, allseitige Aufmerksamkeit, mit der auch Sie jetzt Tag und Nacht intensiver erleben und vielfältige Bedürfnisse neu verstehen.

Achtsamkeit und Intuition sind das Gebot der Stunde. Bemerken Sie, was hinter Ihrem Rücken geschieht, was alles in Wachstum und Entwicklung begriffen ist? Berücksichtigen Sie die vielen Stäbe, d. h. Energien, Triebe und Taten!

Die Kunst der Wunscherfüllung: Es geht um Ihr Geschick, die richtigen Ziele zu treffen. Versuchen Sie, ohne Argwohn und ohne Arglosigkeit die wirklichen Absichten aller Beteiligten herauszufinden.

- **Steigern Sie Ihre Aufmerksamkeit.**
- **Bauen Sie Ängste ab, erfüllen Sie wichtige Wünsche!**
- **Bei ungeteilter Aufmerksamkeit für alle wirksamen Veränderungen und Entwicklungen gibt es jeweils *eine* Aufgabe, die jetzt im Vordergrund steht.**

Stab-10

Vollendung
A Guter Abschluß oder Ausgang. Heim
Ende gut, alles gut!
Stress

Sie besitzen und entdecken Aufgaben, die so groß sind, dass sie Sie ein ganzes Leben lang beschäftigen und ebenso lang all Ihre Energien in Fluss halten – wunderbar! Wenn Sie aber das Gefühl haben, sich zu viel aufgeladen zu haben oder in eine Sackgasse zu geraten, dann werfen Sie Ballast ab, und begreifen Sie neu, worum es geht!

Das Urbild des Holzfällers: Erst wird der Baum aus dem Wald geholt, dann der grobe Klotz geschnitten, auf den groben Klotz ein grober Keil gesetzt und dieser weiter geteilt, bis Feuerholz entsteht und brennbare Scheite. Eine Reihe von Operationen, welche die grobe Naturkraft in feinstoffliche Energien verwandelt, bis schließlich das Stück Holz brennt und die zuvor in der Materie eingeschlossene Energie freigesetzt wird.

- **Setzen Sie *alle* Ihre Energien ein. Lassen Sie »hundert Blumen blühen«.**
- **Achten Sie darauf, dass Ihre Energien nicht verpuffen!**
- **Lassen Sie nicht eher nach, als bis Sie all Ihre Möglichkeiten tatsächlich ausgeschöpft haben.**

König der Kelche

Das Wasser trägt: Leidenschaftliches Verlangen verdichtet die Gefühle und macht sie zur Grundlage des Verhaltens. Das Verlangen unterscheidet sich vom bloßen Gefühl dadurch, dass es eine zusätzliche Dynamik, eine erhöhte Betroffenheit ins Spiel bringt.

Fisch und Wasserschlange verweisen auf die notwendige Klärung von Instinkten und Bedürfnissen, von Verlockungen und Verführungen. Sobald Ihnen auch verborgene Gefühle deutlich werden (wie das Wassertier, das hier oberhalb des Wasserspiegels erscheint), besitzen Sie eine Plattform, eine Basis echter Gefühle, auf die Sie bauen können. Es ist besonders wichtig, zu untersuchen, welche Wünsche jetzt für Sie sinnvoll sind und welche nicht, welche Ängste jetzt aufgehoben werden können und welche nicht.

- **Schützen Sie sich vor persönlichen Zumutungen. Doch fürchten Sie sich nicht davor, »durch den Tunnel zu gehen« und seelisches Neuland zu betreten.**
- **Haben Sie den Mut, Ihr wahres Verlangen zu ermitteln.**
- **Machen Sie Wünsche und Ängste deutlich.**

Königin der Kelche

- Die Stimme des Herzens: Keine andere Symbolfigur des Tarot verkörpert so sehr die Kostbarkeit und die Ganzheit der Gefühle wie diese Gestalt. Der *geschlossene* Kelch einerseits und die *muschel- oder trichterförmige* Rückwand des Thrones andererseits drücken *zur gleichen Zeit* Geschlossenheit und Offenheit der Seele aus. Beide Pole sind Voraussetzungen eines intakten Seelenlebens und Quellen der Persönlichkeit. Sie sorgen dafür, dass Sie weder zerfließen noch verhärten.

Wenn man nicht einem »Image«, einem äußeren Bild von sich selber nachlaufen will, um dadurch eine eigene »Persönlichkeit« zu kreieren – so ist dies die einzig wahrhaftige Alternative: Das Verständnis für die Besonderheit und die Kostbarkeit der Seele eines jeden Individuums.

- **Entscheiden Sie in Ihren momentanen Fragen mit der Stimme des Herzens.**
- **Prüfen Sie die Gefühle aller Beteiligten.**
- **Vertreten Sie deutlich den Standpunkt Ihrer Betroffenheit.**

Dame der Kelche

Die *Dame der Kelche* ist vom geschmückten Kopf bis zum geflügelten Fuß ganz auf ihre Gefühle eingestellt. Wie immer kommt es dabei darauf an, *was* in dem Kelch enthalten ist. Lassen Sie *alle* Gefühle zu, aber verstehen Sie, was sie bedeuten! Neid, Rache, Eifersucht und andere »negative« Emotionen haben auch einen Sinn. Aber ihre Bedeutung liegt nicht so sehr im Kampf gegen andere. Vielmehr in einer für Sie positiven Lebensgestaltung, so dass Ihre berechtigten Wünsche erfüllt werden. Kämpfen Sie also im wesentlichen nicht gegen andere, sondern *für* Ihre Ziele und Bedürfnisse. Nutzen Sie Herz und Verstand, um Ihre Gefühle auszudrücken und in die Tat umzusetzen.

- **Ihre aktuellen Fragen erfordern »Mut zum Gefühl« und eine besondere Konsequenz in Ihren Gefühls- und Glaubensentscheidungen.**
- **Ein beflügeltes Lebensgefühl stellt sich dar, aber auch die Gefahr, in eine Traumwelt zu flüchten und zu verhärten.**
- **Prüfen Sie, woran Sie glauben und wem Sie vertrauen.**

Ritter der Kelche

Freund
A Erleichterung. Gast. Einladung.
RITTER DER KELCHE
Es wird wieder schön
B Lover. Charmanter junger Mann.

Der *Ritter der Kelche* erinnert an die Gralssuche und an die Minne der Ritterzeit. Er zieht praktische Konsequenzen aus seinen Gefühlen. Wo Gefühle und Leidenschaften so groß werden, dass sie sich sogar auf eine ganze Lebensspanne beziehen, können sie nie durch die bisherigen Erfahrungen allein widerlegt oder bestätigt werden. Die »großen Gefühle« sind also ganz wesentlich eine Sache des *Glaubens*. Ein vernünftiger Glaube verträgt sich dabei wunderbar mit Wissen und Bewusstsein. Nur dass der Glaube erst da anfängt, wo das Wissen seine tatsächlichen Grenzen erreicht hat.

Ihre aktuellen Fragen erfordern »Mut zum Gefühl« und eine besondere Konsequenz in Ihren Gefühls- und Glaubensentscheidungen. Ein beflügeltes Lebensgefühl stellt sich dar, aber auch die Gefahr, in eine Traumwelt zu flüchten und zu verhärten.

- **Prüfen Sie, woran Sie glauben und wem Sie vertrauen.**
- **Nutzen Sie Herz und Verstand, um tief sitzende und erhebende Gefühle wahrzunehmen …**
- **… und in die Tat umzusetzen.**

Page der Kelche

Durch Ihre Gefühle und in Ihren Gefühlen entdecken Sie Neuigkeiten. Nehmen Sie diese jetzt in die Hand und probieren Sie sie aus. Die Blumen auf dem Gewand der Bildfigur stehen für die Fruchtbarkeit des Seelenlebens. Sie warnen, wegen der fehlenden Wurzeln, sowohl vor grundlosen Ängsten wie vor unbegründeten Hoffnungen.

Kurz, die Karte warnt vor einer Leichtfertigkeit im Umgang mit dem Seelenleben. Diese drückt sich darin aus, dass der Fisch, der Inhalt des Seelenlebens, zwar betrachtet wird, dabei jedoch aus dem Zusammenhang gerissen und isoliert wird, so dass er (der Fisch im Kelch) möglicherweise vertrocknet.

Eine wirkliche Leichtigkeit in seelischen und Herzensangelegenheiten verlangt eine *Lösung* für wichtige persönliche Wünsche und/oder Ängste. Alles andere wäre viel beschwerlicher.

- **Ringen Sie um Klarheit und seelische Wahrheit.**
- **Finden Sie das richtige seelische Verständnis.**
- **Wenn Sie sich und Ihre Mitmenschen verstehen, heilen Sie alte Wunden und lernen wirkliche Wunder kennen.**

Maid der Kelche

Wunschkind — A Schwankender Verlauf. — Aufregung — B Die Jüngste. Baby. Anhänglich.

Mit leichter Hand entdecken Sie seelische und spirituelle Neuigkeiten. Neu kann ein bestimmter *Inhalt* der Gefühle sein. Möglicherweise geht es aber auch darum, aus bekannten Gefühlen neue *Konsequenzen* zu ziehen.

Spielen Sie nicht mit den Gefühlen, seien es Ihre eigenen oder die von anderen. Aber bewahren Sie sich eine spielerische Note, eine innere Unbeschwertheit in Ihrer Seele. Scheuen Sie sich auch nicht, sich für Ihre Gefühle zu engagieren und, wo nötig, die erforderliche Härte zu zeigen. Gefahr der seelischen Fixierung. Im positiven Fall steht die Karte für geklärte Gefühle und ein klares Verlangen.

Fruchtbare Leidenschaften fördern den Fluss der Dinge, schaffen bleibende Momente und Kostbarkeiten im Strom des ewigen Wandels.

- **Jetzt ist eine gute Zeit, seelische Probleme zu bereinigen.**
- **Fördern und fordern Sie Wahrhaftigkeit. Setzen Sie sich für Klarheit in Gefühlen und Bedürfnissen ein.**
- **Entdecken und nutzen Sie die Kraft der Ruhe und der Meditation.**

Kelch-Ass

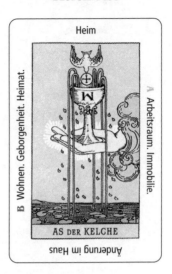

Den Kelch in die Hand zu nehmen, heißt, Gefühle zu begreifen. Legen Sie sich Rechenschaft über Ihre Gefühle ab. Auch unangenehme Gefühle brauchen Ihren Raum.

Schauen Sie sich auch unbekannte Seelenseiten an. Das kann manchmal mit innerer Erregung oder äußerer Anspannung verbunden sein. Es stimmt nicht, dass Gefühle immer nur glückliche Gefühle sein müssten. Auch ein einzelner Kelch allein kann ganz verschiedene Inhalte transportieren: Wasser und Wein, Sekt und Selters, Gift, Medizin oder Zaubertrank.

Mut zum Gefühl ist jetzt angesagt. Manchmal auch zu einem Wechselbad der Gefühle. Jetzt ist nicht die Stunde großer Versprechungen oder Verheißungen, sondern der persönlichen Aufrichtigkeit.

- **Verstehen Sie es als ein Geschenk, wenn Sie (Ihre) Gefühle neu entdecken.**
- **Achten Sie darauf, dass Ihre Gefühle flüssig und lebendig bleiben. Lassen Sie sich nicht aufhalten.**
- **Seien Sie bereit, sich selbst und/oder anderen zu verzeihen, damit ein seelischer Neuanfang möglich wird.**

Kelch-2

Obwohl das Bild liebevoll und freundschaftlich wirkt, ist eine genauere Betrachtung vonnöten. *Was* ist in den Kelchen enthalten? Gerade was auf den ersten Blick so angenehm erscheint, nämlich das Teilen und Tauschen der Kelche, kann Ausdruck einer großen *Unzufriedenheit* sein.

Man fühlt sich innerlich zerrissen. Man sucht im Partner oder in der Partnerin die »bessere Hälfte« und wird doch immer wieder enttäuscht, bis man diese fehlende Seite in sich selbst entdeckt – und bis man dem »roten Löwen« der Spiritualität begegnet!

Kümmern Sie sich um Sorgen, Wünsche und Ängste. Lernen Sie, auch in Gefühlsdingen zu unterscheiden. Je klarer die Unterschiede zwischen Partnern, desto fruchtbarer die Gemeinsamkeiten.

- **Auch in emotionalen und intimen Fragen besitzt jeder das Recht, zu wählen und selbst zu entscheiden.**
- **Geteilte Freude ist doppelte Freude, und geteiltes Leid ist halbes Leid.**
- **Nennen Sie dem anderen, was Sie von ihm wünschen und was Sie ihm geben möchten.**

Kelch-3

Die Kunst, verschiedene Gefühle und Stimmungen unter einen Hut zu bekommen. Diese Karte zählt zu den schönsten des Tarot, wenn wir sie als ein Bild überfließender, fruchtbarer Gefühle betrachten, als Bild eines reichen und erfüllten Lebens. Allerdings warnt die Karte auch vor emotionaler Unselbständigkeit und innerer Abhängigkeit. Die Art, wie die Frauen die Kelche halten, stellt zudem nicht nur den Anmut, sondern *auch* den Hochmut der Seelen dar.

Machen Sie die Gültigkeit Ihrer Gefühle nicht von der Zustimmung anderer abhängig. Akzeptieren Sie die Gefühle anderer, auch wenn Sie sich nicht mit diesen identifizieren können.

- **Tragen Sie jetzt dazu bei, dass jeder in Ihrer Familie oder Lebensgemeinschaft sich wohl fühlen kann, ohne auf die je eigene Individualität zu verzichten.**
- **Ihre Seele verträgt mehrere Wahrheiten zur gleichen Zeit. Lassen Sie Ihre Seele wachsen.**
- **Ein richtiges Wort zur richtigen Zeit kann Wunder wirken und verborgene Welten zum Vorschein bringen.**

Kelch-4

Diese Karte fordert Sie auf, zu Ihren Wurzeln zurückzukehren. Was waren Ihre ursprünglichen Ziele? Es geht um eine Bilanz Ihrer seelischen Erfahrungen und Erwartungen.

Gehen Sie in sich, um das Bisherige zu bewältigen und sich für Neues zu öffnen. Manches ist zu kurz gekommen und will jetzt nachgeholt werden. Manches will jetzt innerlich sortiert und verdaut werden. Obwohl diese Karte durchaus einmal vorschlagen kann, sich zurückzuziehen, ausreichend zu schlafen und zu träumen, so stehen die Zeichen insgesamt nicht auf Rückzug, sondern auf Besinnung auf die eigenen *größeren* Möglichkeiten. Ihnen bieten sich besondere Chancen, und diese sind das Gebot der Stunde!

- **Kommen Sie seelisch mit sich ins Reine, finden Sie Ihren eigenen Sinn. Und lassen Sie jede bloß sentimentale Befangenheit hinter sich zurück!**
- **Fordern oder erwarten Sie nichts Bestimmtes, öffnen Sie sich den inneren Eingebungen.**
- **Lernen und genießen Sie es, bei sich zu verweilen und dem inneren Fluss zu lauschen.**

Kelch-5

Abschied
A Mehr Verlust als Gewinn.
B Trauer. Pessimistisch
Es ist kein Abschied

Schwarze Seele«: ungute Gefühle, seelische Bedrohung, Enttäuschung, Burn-out (seelisch ausgebrannt). Oder, in einer ganz anderen Bedeutung, seelisches Neuland, das Signal für ein freudiges Ereignis, für einen gelingenden Neuanfang. Eine »Stunde der Wahrheit« wird hier angezeigt: Abschied von Verflossenem sowie Entdeckung und Zuwendung zu neuen Möglichkeiten

Die Seele wirkt wie ein *Spiegel*. Auch und gerade das erscheint der Psyche als dunkel, von dem sie noch kein Bild besitzt, welches sie wiedergeben kann. Von allem, was für Sie wirklich neu ist, besitzt die Seele zunächst nichts als eine dunkle Ahnung! Diese Begegnung mit dem Unbekannten vermittelt ein echtes Glücksgefühl, wie wenn nach langer Reise auf hoher See wieder Land in ersten dunklen Umrissen in Sicht kommt.

- **Verdrängen Sie keine Gefühle und öffnen Sie sich dem Wandel.**
- **Lassen Sie auch unbekannte Gefühle zu – ob Trauer oder Freude.**
- **Das Ende einer Etappe, deren Lektion Sie gelernt haben, setzt enorme Energien frei.**

Kelch-6

Alte Träume und tiefe Wünsche machen sich bemerkbar und zeigen – wie das Bild – ein Doppelgesicht. (Wundern Sie sich nicht, wenn Sie zunächst nur eins davon erkennen – das ist der Normalfall.) Beachten Sie die doppelte Haltung der kleinen Frau: Einmal schaut sie von dem Männchen weg. Ein andermal sieht sie zu dem Männlein hin. Welche dieser beiden Haltungen erkennen Sie leicht, welche nicht?

Auch die Erinnerungen an die (seelische) Kindheit zeigen uns ein Doppelgesicht von Freude und Trauer, von erfahrener Annahme und Ablehnung. Erst die *Aufarbeitung früherer Erfahrungen* befreit uns aus dem Wiederholungszwang und gibt uns heute die seelische Freiheit, stets wieder neu zwischen Sympathie und Antipathie frei und liebevoll zu wählen

- **Entdecken Sie die andere Seite, suchen Sie die ganze Wahrheit.**
- **So erneuern Sie die Liebe und erfahren das Glück, seelisch die Weichen neu zu stellen.**
- **Nutzen Sie die Gunst der Stunde, um alte Ängste abzulegen und Herzenswünsche zu erfüllen!**

Kelch-7

Phantasie
B Heimliche Liebe. Unerfüllte Wünsche
A Vision. Varianten. Unrealistisch
Etwas vorgaukeln

Ein heftiges Verlangen oder starke Visionen können dafür sorgen, dass gewisse Selbstverständlichkeiten verloren gehen. Man verfällt in ein Schattendasein, weil nur das begehrte Ideal zählt. Die Karte warnt vor falschen Idealen, die Ihnen Kraft entziehen und Sie sich selbst entfremden würden. Zugleich ermuntert die Karte jedoch dazu, über den eigenen Schatten zu springen – innerlich und äußerlich zu wachsen und sich weiter zu entwickeln wie eine Blume, die sich entfaltet und schöner und schöner wird.

Manchmal stellt die größte Sehnsucht und selbst das »unrealistischste« Begehren gerade das richtige Verlangen dar. In einem anderen Fall aber ist selbst die kleinste Verlockung und die harmloseste Versprechung von Übel.

- **Stellen Sie Ihre Emotionen auf den Prüfstand.**
- **Kümmern Sie zuerst sich um die Wünsche und die Ängste, die Sie am meisten beschäftigen.**
- **Entwickeln und vertreten Sie in seelischen und spirituellen Belangen einen eigenen, persönlichen Maßstab.**

Kelch-8

Sich abwenden
Frustrierende Vorgänge. Weggehen.
Ende der Beziehung
Frust. Trennungsgedanken

Hier geht es um Gefühle, die so groß sind, dass wir sie nicht mehr in einzelnen Kelchen in die Hand nehmen können. Das Bild zeigt außerdem das Motiv des *Wanderers*. Man denke an eine Pilgerreise oder an die Gesellen, die in früheren Zeiten auf Wanderschaft gingen, um ihren Meister zu machen.

Die rote Bildfigur folgt dem Fluss (dem inneren Gefälle) und geht gleichzeitig nach oben, in die Berge. Wir überwinden Hindernisse und erreichen neue Gipfel, wenn wir den *Fluss,* das innere Strömen (*flow*) zur Leitlinie unseres Handelns machen. Das ist eine große spirituelle Erfahrung und gleichzeitig eine sehr praktische Methode der Alltagsbewältigung: Wer faul ist, ist auch schlau – wer dem Fluss der Energien folgt, der strengt sich vergleichsweise am wenigsten an und erreicht zugleich am meisten!

- **Befreien Sie sich von emotionalen Halbheiten.**
- **Filtern Sie Ihre Gefühle und Ihren Glauben, damit Sie sich in dieser Welt geborgen und getragen fühlen.**
- **Lösen Sie sich aus Vorurteilen, gleich welcher Art, damit »es« fließt!**

Kelch-9

Wohlbefinden
A Zufrieden. Man trifft jemand wieder
Wiedersehen
B Glück. Versöhnung. Zufrieden.

Ein großes Glück, wenn »alle Brünnlein fließen«. Sie besitzen so umfangreiche und reichhaltige Gefühle, dass Sie eine breite Palette persönlicher Ausdrucksformen besitzen und benötigen.

Wie bei jeder Kelch-Karte, so ist auch hier entscheidend, *was* in den Kelchen enthalten ist. Wie oft hört oder liest man: »Bau auf dein Gefühl«, aber selbstverständlich gibt es auch ungute Stimmungen, unwahrhaftige Gefühle oder unzutreffende Empfindungen und Einstellungen.

Man muss unterscheiden, was sinnvoll ist und was nicht. Das könnte für die Bildfigur allerdings ein Problem sein. Die Kelche stehen weit hinter ihr im Rücken. Nur mit bewusster Rück-Sicht auf die seelischen Bedürfnisse aller Beteiligten kommen Sie in Ihren aktuellen Fragen weiter.

- **Spielen Sie auf der gesamten Klaviatur der Gefühle und Bedürfnisse!**
- **Schaffen Sie sich eine Heimat, und bewahren Sie sich Ihr seelisches Zuhause.**
- **Lauschen Sie auf jene große Stille, die lauter ist als alle Geräusche dieser Welt.**

Kelch-10

Die Karte der großen seelischen Leidenschaften. Gelebte Leidenschaften erheben das Leben und erweitern die seelische Spannbreite. Doch Vorsicht vor »abgehobenen« Wunschträumen und Illusionen! Die zehn Kelche im Regenbogen können im negativen Fall einen Wahn darstellen – eine Leidenschaft, die Leiden schafft.

Im positiven Fall aber signalisiert diese Karte buchstäblich *wunderbare* Erlebnisse und Ereignisse. Der Regenbogen ist ein Zeichen für die Verbindung von Gott und Mensch, von Himmel und Erde. Zusätzlich stellt er die glückliche Vereinigung von Feuer und Wasser (Sonne und Regen) dar. Damit ist er ein Sinnbild für die Kreativität, für die produktive Aufhebung von (menschlichen oder persönlichen) Gegensätzen jeder Art!

- **Hier heißt es, sich zu »trauen«, einen Lebensbund, einen Lebensentwurf zu wagen, der alle Quellen eines Menschen erschließt und fruchtbar macht.**
- **Prüfen Sie sehr genau, was Sie wollen.**
- **Verstehen Sie, was andere sagen – und was sie tatsächlich meinen.**

König der Schwerter

Himmel und Erde stehen für Theorie und Praxis, für Geist und Natur, aber auch für Willensfreiheit und praktische Notwendigkeit.

Aufgabe der Schwerter als *Waffen des Geistes* ist es, zwischen den beiden Welten zu vermitteln, sinnvolle Übergänge und notwendige Unterscheidungen vorzunehmen. Sie brauchen jetzt Klarheit und Konsequenz, das heißt auch ein selbständiges Wissen und Gewissen, Mut zur Unkonventionalität und Treue zu sich selbst. Schützen Sie sich vor idealistischen und zynischen Geisteshaltungen.

In Ihnen stecken große Visionen und Passionen. Zugleich sind Sie in besonderem Maße in der Lage, Ihr Leben selbst zu organisieren. Kommen Sie mit sich und den Beteiligten ins Reine, bis alle wesentlichen Bedürfnisse und Erwartungen *klar* sind.

- **Bewahren und bestärken Sie Ihre persönliche Unabhängigkeit!**
- **Verstehen Sie Ihre Mitmenschen mit deren jeweiliger Logik.**
- **Erhalten Sie sich die unbegrenzten Möglichkeiten des Geistes und bewältigen Sie die konkreten Notwendigkeiten, die vor Ihnen liegen.**

Königin der Schwerter

Ernsthafte Frau
A Ärztin, Anwältin, Lehrerin, Beamtin.
B Mutter, Verantwortungsvolle Frau.
KÖNIGIN DER SCHWERTER
Bevormundung

Die *Königin der Schwerter* tritt in zweierlei Gestalt auf. Ihre Krone etwa ist aus hartem Metall, doch zugleich stellt diese einen Reigen von Schmetterlingen dar, die den Kopf der *Königin* umflattern.

Die linke Gesichtshälfte der großen Bildfigur liegt zunächst im Verborgenen. Den Schlüssel zu ihrer anderen, zunächst unbekannten Seite liefern Kinderkopf, Mondsicheln und Schmetterling auf dem grauen Thron ...

Seien Sie sorgsam in Ihren Bewertungen und liebevoll in Ihren Beurteilungen. Was immer auch geschieht, *es gibt (mindestens) eine Alternative!* Darin besteht Ihre Urteilskraft und Ihre Freiheit, dass Sie stets für neue Alternativen sorgen und sich für die Richtung entscheiden, die für Sie stimmt.

Riskieren Sie ein freies, unabhängiges Urteil. Sie haben nichts zu verlieren außer einigen Vorurteilen.

- **Schauen Sie hinter die Kulissen angeblicher Sachzwänge.**
- **Trennen Sie hindernde Verpflichtungen auf. Zeigen Sie Profil.**
- **Befreien Sie sich von unbegründeten Ängsten.**

Dame der Schwerter

Sie wollen die ganze Wahrheit erfahren und neue Wahrheiten ausprobieren. Konsequentes Denken ist radikal. Dabei ist das Denken an sich weder positiv noch negativ. Es ist wie *Rechnen*: Es kommt »nur« darauf an, eins und eins zusammenzuzählen.

Das einzige ernst zu nehmende Hindernis für ein konsequentes Denken ist unsere Furcht vor unangenehmen Wahrheiten. Wie aber können praktische Unannehmlichkeiten erleichtert und leidige Unwahrheiten gelöst werden, wenn nicht durch die klärende Macht, durch den frischen Wind des Geistes?

Hüten Sie sich vor einem »wilden Denken«, das heißt vor einer geistigen Rasanz ohne Liebe und Respekt. Glauben Sie auch nicht, Sie könnten alles bewusst machen und erhellen. Aber ob Sie den Ihnen möglichen Teil begreifen und daraus Konsequenzen ziehen, das macht jetzt den entscheidenden Unterschied aus.

- **Entfalten Sie Ihr Denkvermögen.**
- **Argumentieren Sie genau und präzise.**
- **Lassen Sie Ihren aktuellen Fragen und Gedanken freien Lauf. Nehmen Sie wahr, was Ihre Mitmenschen denken.**

Ritter der Schwerter

Resoluter junger Mann
A Referendar. Assistent. Wende.
Überraschung
B Bruder. Solidarität. Hilfe in der Not.
RITTER DER SCHWERTER

Geistige Rasanz und Radikalität. Beflügelnde Begeisterung und fanatischer Enthusiasmus können in Ihren aktuellen Fragen mitspielen. Da das Schwert für das Luftelement des Geistes steht, bezieht sich das außerordentliche Tempo von Ross und Reiter vor allem auf die *Geschwindigkeit der Gedanken*. Die höchste bisher bekannte Geschwindigkeit ist die Lichtgeschwindigkeit. Wenn es *im* Menschen eine Entsprechung für diese in der Außenwelt gefundene Größe gibt, dann ist dies die Bewegung der Gedanken.

Bringen Sie Licht in Ihr Leben und ziehen Sie klare Konsequenzen. Gehen Sie in Ihren aktuellen Entscheidungen aufs Ganze: Bevorzugen Sie solche Lösungen, die Ihre persönliche Ganzheit auf Dauer fördern.

- **Machen Sie sich das Geschenk, dass Sie Ihre Gedanken ernst nehmen.**
- **Lassen Sie die Schubladen des Denkens hinter sich. Verstecken Sie sich nicht hinter dem, was »man« macht oder sagt. Entfalten Sie Ihr Denkvermögen.**
- **Wagen Sie (mehr) Verbindlichkeit und Treue – zu sich und anderen.**

Page der Schwerter

Ein freies und abenteuerliches Denken, das als Brainstorming für den Austausch vielfältiger, auch wechselhafter Ideen und Assoziationen sorgt: Geistige Beweglichkeit oder »Windmühlenkämpfe«? Das »Fähnchen nach dem Wind hängen«? Freude an gedanklichen Experimenten?

Geben Sie Ihr Urteilsvermögen nicht an andere ab. Sorgen Sie für frischen Wind und langen Atem. Der Wert einer neuen Idee bemisst sich nicht an dem, was ist, sondern an dem, was *wird*.

Schützen Sie sich vor »Behauptungen und Argumenten«, die lediglich aus der Luft gegriffen sind. Gehen Sie kreativ und aufmerksam mit den Vorstellungen um, die Sie und Ihre Mitmenschen im Kopfe haben. Hüten Sie sich vor Gutgläubigkeit und Ahnungslosigkeit. Finden Sie heraus, welche Lücken des Wissens und der Erkenntnis für Sie zu vermeiden sind und welche nicht.

- **Dringen Sie auf Aufklärung.**
- **Testen Sie neue Ideen, neue Ansätze und Konzepte.**
- **Halten Sie das Schwert selbst in der Hand. Geben Sie Ihr Urteilsvermögen nicht an andere ab.**

Maid der Schwerter

Eine gewisse Unbekümmertheit und eine Freude an geistigen Experimenten zeichnen dieses Bildes aus. Raus aus den Einbahnstraßen des Denkens. »Warum so, es geht auch anders?« Der Geist braucht Alternativen und Abwechslung. Er wirkt faul und abgestanden, wenn er im Trott dahergeht – wenn er sich auf ein paar »Windmühlen« fixiert, um die das Denken, die geistige Energie und Ihre Aufmerksamkeit kreisen wie ein Flugzeug in der Warteschleife.

Schützen Sie sich vor Gutgläubigkeit und Ahnungslosigkeit, die in der Folge zu hilflosem Protest, allgemeinem Misstrauen, beliebigen und dogmatischen Entscheidungen führen können. Finden Sie heraus, welche Lücken der Bewusstheit und der Erkenntnis zu vermeiden sind und welche nicht.

- **Gliedern Sie schwierige Fragen und Aufgaben in Teilbereiche auf. Machen Sie sich es so einfach wie möglich.**
- **Geben Sie Ihr Urteilsvermögen nicht an andere ab. Bewahren Sie Überblick und Zusammenhang.**
- **Nehmen und halten Sie das Schwert selbst in der Hand.**

Schwert-Ass

Die Krone der Schöpfung, andererseits eine maximale Entfremdung von der Natur. Nehmen Sie es als Geschenk und als Auftrag, das Schwert neu zu begreifen und neue Lösungen, neue Entscheidungen zu finden! Der Geist, der alles durchströmt, schafft Universalität und Einheit. Es ist ein Vorurteil, dass der Geist nur für Trennungen sorgt.

Für Ihre aktuellen Fragen bedeutet diese Karte, dass Sie Ihr Bewusstsein schärfen und erheben sollen, um Widersprüche zuzuspitzen und auf einen Nenner zu bringen. Sorgen Sie für die Einheit von Denken und Tun. Befreien Sie sich von unangebrachten Zweifeln und Zweideutigkeiten.

Erheben Sie sich, richten Sie sich auf, stärken Sie sich und erfreuen Sie sich an einer neuen Klarheit.

- **Spüren Sie den einen Geist, der in allem wohnt und der auch Sie ganz durchströmt!**
- **Wagen Sie einen Neuanfang der Erkenntnis und des Denkens.**
- **Die Fruchtbarkeit des Geistes bemisst sich in der Aufhebung, der Verfeinerung und Erfüllung der Bedürfnisse.**

Schwert-2

Abschalten
B Kränkung. Abwehr. Abweisend.
A Ablehnung. Zwischenfall. Abmahnung
Verrat. Untreue

Es gibt eine Nahtstelle *zwischen* Tag und Traum, zwischen Schlafen und Wachen. Halten Sie diesen Übergang offen. Es hat keinen Zweck, sich in den aktuellen Fragen zu verbarrikadieren und den Zugang zu den Gefühlen zu versperren.

Besser ist es, Sie deuten Ihre Gefühle und Träume, Sie erinnern und bearbeiten Ihre Erfahrungen. Je deutlicher Sie dabei Fantasie und Wirklichkeit zu unterscheiden wissen, umso leichter werden Sie zur Ruhe kommen, Freude und Leichtigkeit erlangen.

Sobald Sie Gefühle und Fantasien sortieren können, gewinnen Sie Einsichten in Bereiche, die über den Augenschein weit hinausgehen. Wie ein Funker zu fernen Kontinenten Kontakt aufnehmen kann, so gewinnen Sie Einsicht und Verständnis für Lebens- und Seelenbereiche, die über Ihre eigenen Erfahrungsbereiche weit hinausreichen.

- **Der bloße Augenschein hilft nicht weiter.**
- **Hier zählt ein bewusster Umgang mit dem Unbewussten: Bringen Sie Ihre Fantasie ins Spiel, und arbeiten Sie die Bedeutungen heraus.**
- **Verarbeiten Sie Ihre Erfahrungen und Vorstellungen.**

Schwert-3

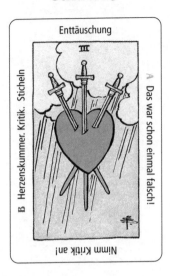

Die Kraft der Ehrlichkeit. Diese Karte ist oft als »Kummerkarte« missverstanden worden. Tatsächlich handelt sie davon, dass Herz und Verstand auf einen Nenner kommen.

Eine Schnittstelle oder ein *Interface* verbindet verschiedene Systeme. Ebenso werden hier Herz und Verstand, Bewusstes und Unbewusstes, äußeres und inneres Erleben miteinander verbunden.

Machen Sie aus Ihrem Herzen keine Mördergrube. Wenn Sie diese Karte ziehen, können Sie aufhören, sich oder anderen etwas vorzumachen. Eine besondere Chance, das zu begreifen, was Ihnen am Herzen und im Blute liegt. Verstehen Sie Ihre Betroffenheit! Sie können dabei nur gewinnen.

- **Kommen Sie auf den Punkt, halten Sie sich an das Wesentliche. Bauen Sie Vorbehalte, Vorwände und Vorurteile ab.**
- **Wenn Sie den Sinn Ihrer Gedanken und Erfahrungen verstehen wollen, schärfen Sie jetzt das Bewusstsein.**
- **Wenn Sie erkennen, was Sie tief in Ihrem Herzen bewegt, können Sie tun, was Sie zufrieden und glücklich macht.**

Schwert-4

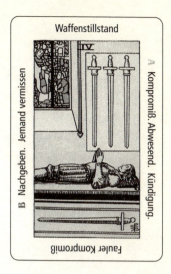

Brauchen Sie Ruhe, Urlaub, oder müssen Sie vielleicht eine Zwangspause einlegen? Wenn ja, dann sagt Ihnen diese Karte, der Zweck dieser Auszeit besteht darin, Ihren geistigen Apparat zu aktivieren und voll funktionsfähig zu machen.

In vielen Fällen betrifft die Karte jedoch keine äußere, sondern die geistige Ruhe. Diese aber ist gleichbedeutend mit persönlicher Zufriedenheit und innerem Frieden: mit einem guten Gewissen.

Viele Eindrücke sind zu verarbeiten, bis aus vielen Steinchen ein Mosaik wird, bis sich das Puzzle vervollständigt hat. Aus vielen Gedanken und Erfahrungen *ein* ganzes und geschlossenes Bild zusammenzusetzen, das ist die positive Seite der *Einbildungskraft*, der Gabe der Imagination – und darauf kommt es jetzt an.

- **Machen Sie sich nicht zum Opfer lebloser Ideale.**
- **Je mehr Sie Ihre geistige Kapazität gebrauchen, desto stärker wird sie. Nur ein ungenutzter Geist verschleißt.**
- **Ob Ihre Vorstellungen stimmen oder nicht, erkennen Sie daran, dass Sie auch in großen Drucksituationen einen klaren Kopf behalten.**

Schwert-5

Die Zeiten, in denen Sie sich klein und winzig fühlten, liegen hinter Ihnen. Rückblickend können Sie Schwierigkeiten, Ängste und Schwächen verstehen und verzeihen, und je nach Notwendigkeit annehmen oder verabschieden.

Schalten Sie nicht ab, wenn es Schwierigkeiten gibt, sondern mobilisieren Sie Ihren ganzen geistigen Apparat. Seien Sie bereit zu Kritik und Selbstkritik.

Suchen Sie nach dem Sinn von Siegen und Niederlagen, und erkennen Sie den Wert der Erfahrung, der darin zum Ausdruck kommt. Nutzen Sie die Waffen des Geistes als Mittel der Heilung. So setzen Sie Ihre geistigen Kapazitäten zur Steigerung der Lebensqualität und für einen langen fruchtbaren Lebensweg ein.

- **Nehmen Sie Kummer, Sorgen und andere Schwachpunkte ernst. Kümmern Sie sich darum.**
- **Lassen Sie sich von Schwierigkeiten nicht »herunterziehen«. Werfen Sie die Flinte nicht ins Korn.**
- **Bringen Sie verschiedene Etappen Ihres Lebens, verschiedene Wachstums- und Entwicklungsphasen in einen Zusammenhang.**

Schwert-6

Setzt der Fährmann zu neuen Ufern über, oder ist er der ruhelose Pendler zwischen den Welten?

Klären Sie Interessen und Bedürfnisse auf. Suchen Sie die Erfahrungen, die hinter den Lehrsätzen stehen. Verstehen Sie, was andere *im Grunde* mit dem meinen, was sie tun oder sagen. Und machen Sie anderen begreiflich, was Ihnen am Herzen liegt.

Setzen Sie Ihre Intelligenz, Ihre ganzen Kombinations- und Vermittlungskünste ein, damit es zwischen Ihren Mitmenschen und Ihnen *fließt*.

Lassen Sie Ihre Intelligenz zu einem starken Staken werden, zu einem Hilfsmittel, auf das Sie sich stützen können, weil es Bodenkontakt, Verbindung zu den *Gründen* besitzt. Befreien Sie sich aus Wiederholungszwängen.

- **Begreifen Sie Ihre Bedürfnisse und die Ihrer Mitmenschen.**
- **Schließen Sie nicht von sich auf andere, ohne den Abstand dazwischen und die notwendige Übersetzung zu respektieren.**
- **Berücksichtigen Sie, dass es unbewusste und unbekannte Vorgänge auch in Ihnen gibt.**

Schwert-7

Nach vorne gehen und nach hinten schauen? Ziellosigkeit oder bewusste Rück-Sicht? Jeder Mensch bringt eine neue Wahrheit auf die Welt, und so trifft jeder von uns auch auf bestimmte Rätsel, die gleichsam nur dazu da sind, die Lösungen zu finden, für die wir selber prädestiniert sind.

List, Intrige, Vergeblichkeit und andere unerquickliche Bedeutungen gewinnt diese Karte immer dann, wenn man sich und/oder andere nicht versteht.

Lassen Sie sich von Problemen und Widersprüchen nicht einschüchtern. Gehen Sie Ihren Weg. Arbeiten Sie mit Ihren Träumen und an Ihren Zielvorstellungen. Auch für Ihre konkreten Fragen ist dies von entscheidender Bedeutung.

- **Viele Kämpfe und viele Schwierigkeiten haben Sie nur zu bestehen, solange Sie Ihrer persönlichen Lebenseinstellung wenig zutrauen.**
- **Begreifen Sie Ihre aktuellen Auseinandersetzungen als Beitrag dazu, Ihre Aufgabe und Ihren Platz in der Welt zu verstehen.**
- **So werden Sie Bedeutendes erleben und bewirken.**

Schwert-8

Entweder geistige Befangenheit, Verstrickung, Fernsteuerung. Und/oder innere Einkehr, Bewusstseinserweiterung, die über den Augenschein und über das Handgreifliche hinausgeht. Begreifen Sie die Fülle Ihrer Geistesgaben.

Falls Sie sich gefangen oder befangen fühlen, sagt Ihnen die Karte: Ihnen stehen Schwerter zur Verfügung; damit ist es möglich, unangemessene Hemmungen oder Abhängigkeiten aufzutrennen. Treten Sie vorsichtig an die Schwerter heran, und schneiden Sie die Fesseln auf.

Ungeeignete Überzeugungen behindern, taugliche befreien und bestärken, gerade indem wir uns von ihnen fesseln lassen! Im positiven Sinne fordert diese Karte zu einer besonderen Konsequenz, buchstäblich zu einer besonderen *Verbindlichkeit* im gesamten persönlichen Verhalten auf.

- **Vertrauen Sie Ihrer eigenen Logik.**
- **Trennen Sie hindernde Verpflichtungen auf, seien Sie sich selbst und anderen gegenüber konsequent!**
- **Wenn Ihr Denken und Ihr Handeln sich vernetzen und wechselseitig binden, werden Sie bemerkenswerte Fortschritte machen.**

Schwert-9

Sorgen
A Nein! Bringt Ärger und Sorgen!
B Kummer. Schlafstörungen.
Verzweifelt

Das Bild bedeutet, dass sich ein kompletter, neuer geistiger Horizont eröffnet. Wenn Sie einen undefinierten, chaotischen Ursprungszustand in Schwarz und Weiß aufteilen können, stellt dies einen besonderen kreativen Akt dar! In der Genesis, der biblischen Schöpfungsgeschichte, wie auch in den Mythen anderer Kulturen ist die »Erschaffung« von Tag und Nacht, die Unterscheidung von Licht und Finsternis *der erste Tag der Schöpfung*.

Hier stellt sich möglicherweise auch eine Situation des Erwachens dar. Sie begreifen die Konsequenzen und die Bedeutungen Ihrer Gedanken. Es kommt Licht in die Finsternis, und Sie erfassen vieles, was Ihnen vorher unerklärlich war. Das ist ein Anlass zu großer Freude. Gewöhnen Sie sich langsam an den neuen geistigen Horizont.

- **Gehen Sie in Ihren Gedanken weiter, als Sie es gewohnt waren.**
- **Hüten und schützen Sie sich vor Kurzschlüssen.**
- **Zählen Sie also eins und eins zusammen! Gewöhnen Sie sich langsam an neue Erkenntnisse und Vorstellungen.**

Schwert-10

Die Saat des Geistes geht auf: Zum Untergang verurteilt sind untaugliche, fruchtlose Gedanken. Im positiven Fall jedoch trägt die Saat reiche Frucht, und aus Ihrer eigenen Existenz, aus Ihrer persönlichen Praxis wächst ein Bewusstsein hervor, das den Weg der Liebe und der Hingabe an »Gott« und das Leben geht.

Ein Zen-Spruch sagt: »Triffst du Buddha unterwegs, töte ihn«! Das bedeutet: Räumen Sie alle Idole, vermeintlichen Autoritäten sowie alle äußerlichen Selbst-Ideale aus dem Weg. Der wirkliche Buddha ist immer ein anderer oder mehr, als man meint, erkannt zu haben.

Der Tod der unfruchtbaren Träume, Vorstellungen und Theorien lässt einen neuen, strahlenden Horizont aufziehen.

- **Ziehen Sie die Summe aus Ihren Erkenntnissen, stellen Sie fest, was diese für Sie persönlich bedeuten, und ziehen Sie daraus wiederum die Konsequenzen!**
- **Seien Sie bereit, auch ohne Vorbild zu handeln.**
- **Fördern Sie Ihre Atmung und den Fluss Ihres Denkens, doch hören Sie auf, sich allzu viele Gedanken zu *machen*.**

König der Münzen

Sie sind ein Genießer, aber auch ein Planer und Organisator, der durch seine Arbeit zur Ruhe findet. Die Weintrauben symbolisieren den Genuss des Lebens, und zwar sowohl den körperlichen und den geistigen Genuss! Nicht umsonst heißt es, »im Wein liegt Wahrheit«. Zugleich aber ist der *Weinberg* ein Inbegriff der harten, anstrengenden Arbeit, die dazu erforderlich ist, die Erde umzugestalten und ihre Früchte zu ernten.

Ihre persönliche Natur stellt einen besonderen Genuss, aber auch eine besondere Aufgabe dar. Sie selber sind wie Wein und Weinberg, wie Acker und Pflugstier.

Genießen Sie Arbeit und Ertrag. Doch scheuen Sie nicht die Mühen, die mit jeder Arbeit verbunden sind.

- **Setzen Sie sich mit geltenden Bewertungsmaßstäben auseinander, und vertrauen Sie dem Wert Ihrer Erfahrungen.**
- **Zeigen Sie jetzt, was in Ihnen steckt. Und genießen Sie jetzt, was Sie besitzen.**
- **Trennen Sie sich von Gewohnheiten, Verpflichtungen und Verhaltensweisen, die für Sie nicht mehr produktiv sind.**

Königin der Münzen

Praktische Frau
A Chefin. Kauffrau. Gärtnerin. Bäuerin.
B Tante. Nüchtern. Eine Frau hilft.
Hysterisch
KÖNIGIN DER MÜNZEN

Konzentrieren und entspannen Sie sich: Alles hat seine Zeit, jedes Ding nimmt seinen eigenen Lauf, den man durch Einmischung und Hektik, aber auch durch Gleichgültigkeit oder Abwarten nicht ändern kann. Lassen Sie sich nicht ins Bockshorn jagen, wenn überraschende Probleme auftauchen. Wege und Umwege genauso wie Schwierigkeiten und Hindernisse gehören dazu, wenn Sie Ihren persönlichen Gipfel erreichen wollen.

Der nach unten gerichtete Blick der Bildfigur warnt entweder davor, dass Sie sich aus dem Blick verlieren, sich selbst zu wenig achten, weil Sie sich aus irgendeinem Grund nicht leiden mögen. Oder dies stellt eine Ermunterung dar, sich verstärkt dem Naheliegenden und Wesentlichen zuzuwenden.

- **Ihre aktuellen Fragen zeigen Ihnen den Wert Ihrer Talente.**
- **Begreifen Sie Ihren Anteil, und nehmen Sie Einfluss auf das Weltgeschehen.**
- **Beginnen Sie jetzt mit dem Einfachsten, dem Praktischsten und Spürbarsten.**

Dame der Münzen

Das kräftige Gelb im Bild steht nicht nur für Sonne und Licht; Gelb ist auch die Farbe des Neides. Wer viel Sonne vor Augen hat, wird leicht geblendet. Und das heißt auch, er oder sie fällt möglicherweise leicht auf »blendende Erscheinungen« herein. Wer aber viel Sonne im Rücken hat, der sieht besonders klare und kräftige schwarze Schatten vor sich. Beide Erfahrungen – Blendung und finstere Ernüchterung und Enttäuschung – gehören zum Inhalt dieses Bildes; beide können auch Anlass dazu geben, dass Sie entweder voll Neid auf andere blicken oder selber neidische Blicke auf sich ziehen.

Jedes Mal geht es aber tatsächlich darum, sich selbst mit Stärken *und* Schwächen anzunehmen; sich selbst und anderen zu verzeihen, *nicht perfekt* zu sein. Dann finden Sie Ihr Glück dort, wo Sie stehen, und nirgendwo anders.

- **Verzeihen Sie sich und/oder anderen, nicht perfekt zu sein.**
- **Fassen Sie Vertrauen in Ihre eigene Kraft, …**
- **… insbesondere in Ihre Fähigkeit, Probleme in Ordnung zu bringen und Wünsche in die Tat umzusetzen.**

Ritter der Münzen

Solider junger Mann
A Jungchef, Angestellter, Handwerker.
B Cousin, Kumpel. Nett und bieder.
RITTER DER MÜNZEN
Du wendest die Krise ab.

Es gibt etwas zu erledigen und zu *ernten* in diesem Leben und am heutigen Tag! In der Aufarbeitung der bestehenden Widersprüche bewähren und stärken sich Besonnenheit und Gelassenheit. Scheuen Sie sich nicht vor Auseinandersetzungen zur richtigen Zeit. Fassen Sie Vertrauen in Ihre Fähigkeit, Probleme in Ordnung zu bringen, Ängste zu beseitigen und Wünsche zu erfüllen.

Schaffen Sie eine angenehme Lebenssituation, in der Sie das verwirklichen, was Ihrer inneren Natur, Ihrer Lebenseinstellung entspricht. Verzichten Sie auf falsche Bescheidenheit und aufgesetzte Ideale, auf falsche Träume, die Ihnen nur Kraft entziehen würden. »In der Beschränkung zeigt sich der Meister«, und das bedeutet jetzt: Auf alles Unnötige verzichten.

- **Scheuen Sie nicht vor Auseinandersetzungen zur richtigen Zeit zurück.**
- **Verzeihen Sie sich und/oder anderen, nicht perfekt zu sein.**
- **Verzichten Sie auf das, was für Sie nicht notwendig ist.**

Page der Münzen

Vertrauen Sie der Erfahrung, die in Ihnen schlummert, und bringen Sie sie zum Vorschein. Ihre »Münze« ist ein Geschenk des Lebens, sie spiegelt wider, dass Sie – wie jeder Mensch – ein Schatz für sich und Ihre Umgebung sind, wenn sie das eigene Talent schätzen und achten.

Diese Karte ist ein guter Anlass, Ihre praktischen Fähigkeiten neu zu entdecken und neu zu bewerten. Im Unscheinbaren steckt auch das Un-Scheinbare, das Wesentliche und Typische, auf das es jetzt ankommt. Halten Sie Ihren inneren Reichtum nicht versteckt. Seien Sie großzügig und bringen Sie Ihre Klarheit und Ihre persönliche Selbstverständlichkeit zur Geltung. Prüfen Sie Ihre Ergebnisse und Ziele.

- **Stellen Sie sich auf neue praktische Möglichkeiten ein und nutzen Sie sie!**
- **Erproben Sie neue Fähigkeiten und Fertigkeiten!**
- **Machen Sie sich darauf gefasst, dass Sie an sich und/oder an Ihren Mitmenschen ganz neue Seiten entdecken – schwierige und schöne!**

Maid der Münzen

Braves Mädchen
B Ordentliche Tochter. Geschickt.
A Lehrling. Es wird teurer als geplant!
MAID DER MÜNZEN
Bedächtig

Stellen Sie sich auf neue praktische Möglichkeiten ein. Es ist wichtig, dass Sie jetzt einen Zugang zu Ihren ureigenen Betroffenheiten und zu Ihren wahren Begabungen finden. Lassen Sie sich von Schwierigkeiten nicht entmutigen. Und vergessen Sie nicht, dass die wahre Schönheit und der wahre Wert oftmals zunächst im Unscheinbaren leben und geborgen werden wollen.

Ihr »Talent« besteht in einer bestimmten Art, mit den Dingen des Lebens umzugehen. Es sorgt für ein positives Selbstwertgefühl.

Vertrauen Sie also den Talenten, die in Ihnen schlummern, und bringen Sie sie zum Vorschein. Machen Sie sich darauf gefasst, dass Sie an sich und/oder in Ihrer Umgebung, Ihrer Umwelt ganz neue Seiten entdecken – schwierige und schöne!

- **Erproben Sie neue Fähigkeiten und Fertigkeiten!**
- **Halten Sie Ihren inneren Reichtum nicht versteckt.**
- **Seien Sie großzügig und bringen Sie Ihre Klarheit und Ihre persönlichen Selbstverständlichkeiten zur Geltung.**

Münz-Ass

»Wir haben die Erde von unseren Eltern geerbt und von unseren Kindern geliehen.« Nichts ist folgenlos, und nichts geht verloren. Nehmen Sie Ihr Talent in die Hand, begreifen Sie Ihre Aufgabe und Ihre Begabung. Setzen Sie sich mit den beiden Seiten der Medaille auseinander. Es kommt jetzt darauf an, dass Sie die praktischen Widersprüche in die Hand nehmen und die Spannung, die potentielle Energie, die in Ihren aktuellen Aufgaben steckt, erkennen und nutzen. Tragen Sie zur Entwicklung des menschlichen Bewusstseins bei.

Nehmen Sie diese Karte als Einladung, das Gewicht und die Bedeutung Ihres Daseins neu zu ermessen. Nehmen Sie die Welt mit Kreativität und Leidenschaft in Besitz!

- **Gestalten Sie die Erde und die Lebensbereiche, an denen Sie Anteil haben.**
- **Spitzen Sie die verschiedenen Kräfte, die unterschiedlichen Anforderungen, Notwendigkeiten, Bedürfnisse und Wünsche auf einen Nenner zu.**
- **Bringen Sie Ordnung in Ihre aktuellen Fragen.**

Münz-2

Wechsel und Wandel gehören jedem Moment des Lebens an. In Ihrer jetzigen Lebensphase aber geht es darum, dass Sie sich, eine andere Person oder eine Angelegenheit von einer anderen Seite kennen lernen, so dass sich ein neues, komplettes Bild ergibt. Auch die *andere* Seite ist zu bearbeiten, beide Seiten der Medaille sind zu begreifen!

Ein Bewusstseins-Wandel: Sie haben die Chance, sich aus der Abhängigkeit von angeblichen Sachzwängen zu befreien. *Es gibt immer eine Alternative (mindestens eine)!* Was jetzt zählt, sind Sie und Ihre Fähigkeit, die vorhandenen Widersprüche zu meistern – indem Sie sie nutzen. Je mehr Sie aus Kenntnis der *Materie* um die konkreten Widersprüche einer Sachlage wissen, umso besser und effektiver können Sie eingreifen.

- **»Investieren« Sie in Ihre Persönlichkeitsentwicklung. Das tut Ihnen gut und fördert zugleich das wichtigste Kapital, das Sie besitzen.**
- **Bleiben Sie mit beiden Beinen auf dem Boden.**
- **Fürchten Sie nicht länger, etwas zu versäumen.**

Münz-3

Ehrgeiz / B Prestige. Etikette. Ehrgeizige Liebe / A Präsentation. Kreativer Prozeß / Falscher Ehrgeiz

Im Bild erkennen wir einen Steinmetz, der – auf einer Bank etwas erhöht – mit dem Klöpfel bei der Arbeit ist. Mönch und Narr oder Mönch und Nonne stehen für Auftraggeber und Kollegen, für Publikum und »Endverbraucher« der Arbeit.

Verschiedene Bedeutungen von Arbeit, Beruf und Berufung sind hier Thema: Die Tätigkeit am Material, die Umgestaltung der Erde, die Arbeit an sich selbst, die Freisetzung des eigenen Wesens. Ferner die Arbeit mit und an den anderen. Dann die Fragen: Wozu leistet die eigene Arbeit einen Beitrag? Wem nutzt Sie? Was baut sich auf dem Gewölbe, das hier zu sehen ist, auf? Jeder Mensch trifft in seinem Leben auf besondere Herausforderungen, deren Bewältigung nur gelingt, wenn auch verborgene Talente freigelegt werden.

- **Lassen Sie sich nicht hinters Licht führen, und fürchten Sie nicht die Auseinandersetzung mit dunklen oder unbekannten Angelegenheiten.**
- **Konzentrieren Sie sich, und kommen Sie auf den Punkt.**
- **Schaffen Sie neue Formen und bleibende Werte für das, was Sie lieben.**

Münz-4

Sie finden heraus, über welche persönlichen Talente Sie verfügen, die für andere nützlich sind und die zugleich die Besonderheit oder die Einzigartigkeit Ihrer Person verdeutlichen.

Spielen Sie nicht den Helden oder den Versager. Ihre Stärken und Ihre Schwächen besitzen wirklich einen eigenen Wert. Doch das ist nichts Ungewöhnliches. Sorgen Sie nur dafür, dass dieser Wert sich auszahlt.

Geben Sie anderen den Schlüssel zu Ihren persönlichen Erfahrungen. Betonen Sie den Unterschied und die Besonderheit Ihrer Lage. Doch verschanzen Sie sich nicht. Lassen Sie andere an Ihren Auffassungen teilhaben.

- **Schützen Sie sich vor Angeberei und Duckmäusertum – bei Ihnen und/oder bei anderen!!**
- **Vervollständigen Sie den Rahmen und die Werte, die Sie Ihrem Leben geben möchten.**
- **Nehmen Sie Rücksicht auf die Gemeinschaft und die Allgemeinheit. Doch Sie dürfen und Sie sollen auch erwarten, dass diese Rücksicht auf Sie und Ihre besonderen Begabungen und Aufgaben nimmt.**

Münz-5

Armut, Leiden, Not. *Oder* die Aufhebung derselben! Die Fähigkeit, die eigenen Notwendigkeiten zu erkennen. Und das Vermögen, eine *Not zu wenden*: So – wie es dem Blinden und dem Lahmen gelingt, die sich zusammen auf den Weg machen. Der Blinde stützt den Lahmen und der Lahme führt den Blinden. Indem sie ihre Nöte teilen, werden sie von der Hilflosigkeit ihrer Lage erlöst.

Auch die »Schwäche« hat ihren Wert. Nehmen Sie Rücksicht auf ein unterschiedliches Entwicklungstempo. Messen Sie nicht Ungleiches mit Gleichem! Übernehmen Sie Mitverantwortung. Doch lassen Sie sich nicht in unproduktive Abhängigkeiten oder quälende Verpflichtungen treiben.

- **Brechen Sie mit unbegründeten Anforderungen und mit fruchtlosen Verpflichtungen.**
- **Vertrauen Sie auf das Glück der Freundschaft und auf den Segen der Zusammenarbeit.**
- **Tragen Sie dazu bei, unnötiges Leid zu beenden. Helfen Sie, die Welt menschlicher, wirtlicher und komfortabler zu machen.**

Münz-6

Äußern Sie Ihre Bedürfnisse und haben Sie ein offenes Ohr für die Bedürfnisse anderer.

Wenn Geben und Nehmen sich die Waage halten, dann passiert entweder – nichts Wesentliches. Die Waagschale neigt sich nicht, weil der Austausch ohne spürbares Gewicht bleibt. Oder die Waage bleibt im Lot, weil *alle* beteiligten Seiten dazugewinnen. Wenn Sie mit Ihren Talenten Bedürfnisse erfüllen und mit Ihren Bedürfnissen Talente wecken und fördern, entsteht jedes Mal ein Zugewinn. Dieser Stoffwechsel, diese Produktivität sind der Schlüssel für Ihre aktuellen Fragen.

Achten Sie darauf, nicht den Mangel zu verwalten, sondern einen Gewinn zu erzielen.

- **Welche Bedürfnisse und Wünsche können erfüllt werden und welche nicht?**
- **Welche Nöte und Ängste können beseitigt werden und welche nicht?**
- **Ihr Selbstwertgefühl bleibt in der Waage und entwickelt sich mit vollem Erfolg, wenn Sie Ihre Stärken und Ihre Schwächen als Ihre ureigenen Talente begreifen.**

Münz-7

Es gibt bestimmte Lebensrätsel und sachliche Aufgaben, deren Lösung bzw. Bedeutung Sie in dem Moment finden, in dem auch Sie *Ihre* Bedeutung, Ihren persönlichen Sinn, Ihre Lebensaufgabe erkennen.

Jede gelöste Aufgabe zeigt Ihnen, dass Sie auf dem richtigen Weg sind, und auch ein *Fehlschlag* ist wertvoll, weil er Ihnen klar macht, worin Ihre Aufgabe und Ihre Bedeutung *nicht* bestehen.

Setzen Sie sich liebevoll und kritisch mit bestehenden Maßstäben auseinander. Hier heißt es, Spuren suchen und Zeichen deuten. Jeder Sachverhalt, alle Fakten erzählen eine Geschichte und besitzen eine Symbolik, die sich zu studieren und zu deuten lohnt. Dabei geht es auch um Ihre eigene Bedeutung, um Ihren Standpunkt und Ihr Eingreifen!

- **Bleiben Sie offen für Wandel und Weiterentwicklung in Ihren Werten und Beurteilungen.**
- **Zeigen Sie Verständnis für fremde Maßstäbe.**
- **Vertreten Sie den Unterschied und den Wert Ihrer ureigenen Betrachtungsweise.**

Münz-8

Achtsamkeit ist das Gebot der Stunde. – Jede Sachaufgabe, die Sie bewältigen, ist auch ein Spiegel der Arbeit an Ihnen selbst. Je deutlicher Sie Ihre Begabungen und Begrenzungen herausarbeiten, umso mehr werden Sie zum Meister oder zur Meisterin in eigener Sache.

In der *Vervielfältigung* des persönlichen Talents liegt Ihre Meisterschaft. Arbeiten Sie Ihre Natur, Ihre Logik und Ihre Selbstverständlichkeiten deutlich heraus. Begraben Sie Ihren Eigensinn, auf dass der »Sinn des Eigenen« erblühen und sinnlose Eigenheiten absterben!

Sorgen Sie für zahlreiche Ergebnisse, die Ihre Handschrift, Ihren Zuschnitt tragen und in denen Sie sich selbst wiedererkennen.

- **Seien Sie wachsam. Verstehen Sie die Botschaft »zwischen den Zeilen«.**
- **Entspannen Sie sich und meditieren Sie! In Ihren aktuellen Fragen kommen Sie schneller voran, wenn Sie »den Fuß vom Gas« nehmen.**
- **Seien Sie bereit, Neues zu lernen. Vermeiden Sie es auch, andere »von oben herab« zu belehren.**

Münz-9

Die Weintrauben sind Zeichen der Ernte und des Genusses, aber auch Symbole der harten Arbeit im Weinberg. Die kleine Schnecke warnt vor Schwerfälligkeit und übertriebener Empfindlichkeit. Auf der anderen Seite ist sie aber auch ein Symbol dafür, dass Sie Ihr Haus stets bei sich tragen und überall zu Hause sind.

Wenn Sie sich selbst *und* Ihren Mitmenschen in Achtung und Liebe begegnen, dann entsteht eine fruchtbare, angenehme Lebenssituation, in der jeder sein eigenes Reich bekommt – und in der Sie auch selber mit Ihren Stärken und Schwächen, mit Ihren Vor- und Nachteilen, kurzum, mit allem, was zu Ihnen gehört, Heimat finden. Einen größeren »Gewinn« können Sie nicht erzielen, und eigentlich sollten Sie sich auch mit keinem geringeren zufrieden geben …!

- **Seien Sie mutig, springen Sie über die Schatten der Kleinlichkeit und der Eifersucht.**
- **Entwickeln Sie Ihre Fähigkeit, sich und Ihre Mitmenschen *zur gleichen Zeit* zu lieben!**
- **Es ist eine gute Karte, um neue Freunde zu gewinnen und mit alten Bekannten neue Freuden zu erleben.**

Münz-10

Vermögen
A Risiko lohnt sich! Papiere. Betrieb
B Tradition. Generation. Testament.
Wichtiges Papier fehlt

Optimale Ergebnisse. Nicht nur für die engste Zweierbeziehung ist die Liebe der beste Maßstab. Sie ist es auch, die uns verlässliche Orientierungen im Geflecht der täglichen Beziehungen, Begegnungen und Ereignisse gibt. Riskieren Sie also mehr Liebe und etwas weniger Exklusivität darin. Nehmen Sie sich vieler Menschen und vieler Begebenheiten tagtäglich in Liebe an.

Worin auch immer Ihre konkrete Begabung und Ihre persönliche Aufgabenstellung bestehen mag – die Liebe ist der Keim aller Talente, und nur da entfalten sich die persönlichen Talente zu voller Pracht, wo sie von Liebe geleitet sind. Egoismus und Altruismus dagegen lassen die persönlichen Talente verkümmern.

- **Lassen Sie die Liebe entscheiden. »Liebe ist die Mutter der Freiheit und das Kind der Wahrheit« (Anais Nin).**
- **Stellen Sie sich den Notwendigkeiten wie auch den Lösungsmöglichkeiten, die andere an Sie herantragen.**
- **Fördern Sie möglichst viele Talente bei möglichst vielen Menschen.**

Weitere Tipps

Wer Freude am *ANRATHS TAROT nach A. E. Waite* hat, will sich vielleicht weiter mit Tarot beschäftigen. Nützliche Bücher und schöne Decks dazu finden Sie im Folgenden.

Es gibt auch eine kostenlose Zeitschrift: Die TRAUM-ZEITung erscheint zweimal im Jahr (April und Oktober) und ist im Buchhandel *gratis* erhältlich. Fragen Sie in Ihrer Buchhandlung danach. Adresse: TRAUM-ZEITung, Redaktion, D-24796 Krummwisch, E-Mail: tarot-traum-zeitung@t-online.de. Im Internet: www.tarot-online.com.

Tarot-Bücher (Auswahl)

Adams, Anja, und Fiebig, Johannes: Tarot – leicht erklärt. Bindlach 3. Auflage 1998 (Gondrom)

Anraths, Renate: Das Anraths Tarot nach A. E. Waite. 2000, 4., überarb. Auflage 2004 (Königsfurt)

Anraths, Renate: Tarot – Dem Leben in die Karten schauen. Berlin 1995 (Simon & Leutner)

Bürger, Evelin, und Fiebig, Johannes: Tarot für Einsteiger. 1994, 14. Aufl. 2004 (Königsfurt)

Bürger, Evelin, und Fiebig, Johannes: Tarot – Wege des Glücks. Die Bildersprache des Waite-Tarot. 1993, 6. Aufl. 2004 (Königsfurt)

Gilbert, R.A.: Arthur E. Waite. Ein Magier besonderer Art. [Biographie von Arthur E. Waite.] Krummwisch 1998

Peymann, Susanne: Der Crowley-Tarot. 78 Wege des Wissens. München 1997 (Knaur)

Terhef, Rena: Tarot für Zauberhexen. 3. Aufl. 2003 (Königsfurt)

Tarot-Karten (Auswahl)

Altägyptisches Tarot.
Ahnenpfad Tarot.
Albano-Waite-Tarot.
Altes italienisches Tarot.
Aquarian Tarot.
Crowley, Tarot von A. Crowley:
   Pocketgröße
   ISBN 3-927808-56-3.
   Standardgröße
   ISBN 3-927808-55-5.
Dalí, Tarot von Salvador Dalí:
   Preiswerte Jubiläumsausgabe
   ISBN 3-89875-643-2.
   Mit Goldschnitt
   ISBN 3-89875-572-X.
Drachen Tarot.
Einhorn Tarot.
Experimental Tarot.
Haindl-Tarot.
Hanson-Roberts-Tarot.
Herr der Ringe-Tarot.
Hudes-Tarot.
Tarot der Kabbala.
Karma Tarot.

Lombardisches Tarot.
Kristall Tarot.
Margarete Petersen-Tarot.
Morgan-Greer-Tarot.
Motherpeace Tarot.
Neuzeit Tarot.
Osho Zen Tarot.
Oswald Wirth Tarot.
Renaissance Tarot.
Sola Busca Tarot.
Tarot der Hexen.
Verzaubertes Tarot.
Visconti Tarot.
Voyager Tarot.
Waite, Tarot von A. E. Waite:
   Pocketgröße
   ISBN 3-927808-15-6.
   Standardgröße
   ISBN 3-927808-13-X.
Zwergen Tarot / Kleinstes
Tarot der Welt.

Tarot-Karten sind im
Buchhandel erhältlich.

Badewannenmeditationen

ISBN 3-8112-2392-5

ISBN 3-8112-2395-X

ISBN 3-8112-2393-3

ISBN 3-8112-2394-1

Je 160 Seiten, Format 15 x 15 cm,
durchgehend zweifarbig

GONDROM